Comentarios sobre
EMOCIONES: UN REGALO POR ABRIR

Dan Newby y Lucy Núñez son líderes destacados en el dominio de las emociones. Su conocimiento y aprecio por el impacto y el valor de las emociones para darle forma a nuestras vidas se transmite de forma sencilla en este libro. Como coach, empleo las distinciones que brindan regularmente para ayudar a mis clientes a expandir su rango emocional y desarrollar prácticas nuevas que conducen a una vida más satisfactoria. *"Emociones, un regalo por abrir"* es una guía inspiradora e indispensable para cualquiera que busque capturar intencionalmente el poder que reside en el ámbito emocional.

—*Kim Ebinger, Coach Ontológica, EEUU*

Dan Newby y Lucy Núñez escribieron uno de los libros sobre emociones más útiles que he leído. Los autores nos llevan a través de un camino de interpretación (sin sostener que poseen la verdad sobre las emociones, lo cual de por sí ya es refrescante) de las emociones, desde lo teórico hasta lo práctico. Presentan una interpretación convincente sobre qué son las emociones pero, lo más importante para mí fue, cómo comprender las emociones, trabajar con las emociones y aprender de las emociones. Este libro contiene el catálogo más amplio de emociones que hamás haya visto, así como una manera fácil de entenderlas. Un recurso más que valioso para ayudar a profesionales, líderes de negocios y familiares que quieren estar más en contacto consigo mismos y a aquellos a quienes dirigen y cuidan.

—*Curtis Watkins, Coach Master Certificado, EEUU*

Nuestro trabajo con las emociones ha sido fundamental para fomentar una cultura de confianza y estabilidad en nuestro distrito escolar. Es por este aprendizaje que nos hemos transformado en una organización resiliente y compasiva, caracterizada por el entendimiento mutuo primero y, segundo, por celebrar nuestro crecimiento y resultados.

—*Julie Everly, Superintendente, Escuelas Públicas Monroe, Michigan.*

Con este libro, Dan y Lucy desvelan con maestría nuestra ceguera sobre las emociones. El libro brinda una reconstrucción poderosa y factible sobre qué significan las emociones y cómo distinguir entre distintas emociones. No he visto otro libro sobre emociones como este. Clarifica la fuente de nuestras emociones y nos invita a hacernos responsables por ellas, y, por lo tanto, por nuestros resultados. Es de lectura obligatoria para líderes y managers que sean emocionalmente analfabetos.

—*Sameer Dua, Fundador y Director, Institute for Generative Leadership, India*

Este libro lleva al siguiente nivel de lo que Daniel Goleman comenzó con Inteligencia Emocional. La sed por trabajar con emociones se incrementa donde sea que miremos. De lectura obligatoria para líderes, coaches y cualquier persona que quiera aprovechar las emociones como energía para la acción. La pasión de Dan por llevar el trabajo ontológico al mundo con su amoroso cuidado por la gente y las organizaciones es excepcional. Estoy agradecido por haberlo conocido como maestro, amigo y socio de negocios.

—*Mirko Kobiéla, Director Senior de Manejo de Talentos en Adidas Group y Fundador de Luminize: International Coaching and Consulting, Alemania*

Este maravilloso libro es verdaderamente un regalo transformador para cualquiera que quiera aprender sobre el tan subestimado dominio de las emociones y cómo impactan en cada aspecto de nuestras vidas. La enseñanza de *"Emociones, un regalo por abrir"* es práctica y brinda la perspectiva de un verdadero profesional y no de un académico. El compendio de distinciones sobre estados de ánimo y emociones lo convierte en una fuente excelente para principiantes y en una referencia ideal para profesionales experimentados. Finalmente, la potencia del material es solo la punta del iceberg de la experiencia transformadora de trabajar directamente con Dan y Lucy.

—*Christian Stambouli, Consultor de Proyectos y de Desarrollo de Equipos, EEUU*

Como profesional, esposo y miembro de la sociedad, este libro puso el punto final a mi larga búsqueda de un camino práctico y empírico hacia la alfabetización emocional. Aprender realmente las emociones vs. solo aprender *sobre* ellas es lo que se consigue al sumergirse en la lectura de este libro. Dan y Lucy abren una puerta para aprender cómo navegar las emociones lo cual nos puede ayudar a los seres humanos a comprometernos con la vida de muchas formas nuevas e impactantes.

—*Rafael García Monroy, Coach Ejecutivo y Entrenador, México y España*

Las emociones guían conductas que determinan resultados. Es por eso que la alfabetización emocional es absolutamente crítica para el aprendizaje y desarrollo humano. *"Emociones, un regalo por abrir"* ofrece un amplio espectro de emociones fácilmente accesibles a los lectores que deseen dar un primer paso hacia la alfabetización emocional.

—*Reiner Lomb, Coach Ontológico y Autor de* The Boomerang Approach: Return to Purpose, Ignite Your Passion, *EEUU.*

Solía sentirme culpable conmigo mismo porque aquellas emociones que consideraba que eran "malas", como la ansiedad y el miedo, se presentaban muy seguido en mi vida. *"Emociones, un regalo por abrir"* me brindó la posibilidad de hacerme amigo de mis emociones. Ahora me siento liberado porque me enseñó que sentir esas supuestas "malas" emociones no es una limitación.

—*Jinobi Narain, Director, Aprendizaje y Desarrollo, Exucate Limited, Hong Kong*

Como muchos de nosotros, a menudo luchaba para manejar múltiples compromisos como dueña de un negocio, madre y encima, voluntaria. El conocimiento emocional que este libro contiene me ha permitido dejar mi capa de "supermujer" y redescubrir el poder que tengo para manejar mis compromisos. Definitivamente ha traído más paz a mi vida.

—*Jill Meaux, Coach y Consultora, Excelerant, EEUU.*

EMOCIONES:
UN REGALO POR ABRIR

INTRODUCCIÓN A LA ALFABETIZACIÓN EMOCIONAL

Dan Newby y Lucy Núñez

Copyright © 2018 Daniel Newby and Lucy Núñez

TODOS LOS DERECHOS RESERVADOS

Ninguna parte de este libro podrá ser traducida, usada o reproducida de ninguna forma o por cualquier medio, en su totalidad o por partes, electrónica o mecánicamente, incluyendo fotocopias, grabaciones, o a través de cualquier sistema de almacenamiento o recuperación de información sin permiso expreso escrito de los autores o del editor, exceptuando el uso en citas cortas dentro de artículos y reseñas críticas.

(dan@dannewby.me, www.dannewby.me)

Límites de Responsabilidad y Exención de Garantía:
Los autores y/o editor no serán responsables por el uso inadecuado de este material.
Los contenidos tienen fines estrictamente informativos y educacionales.

Advertencia—Exención de responsabilidad:

El fin de este libro es educar y entretener. Los autores y/o el editor no garantizan que cualquier persona que siga estas técnicas, sugerencias, consejos, ideas o estrategias será exitoso. Los autores y/editor no tendrán responsabilidad ni serán hechos responsables ante nadie con respecto a cualquier pérdida o daño causado, o supuestamente causado, directa o indirectamente, por la información que este libro contiene. Además, los lectores deben ser conscientes de que los sitios web de Internet que se nombran en este trabajo pueden haber cambiado o desaparecido en el tiempo entre que este libro fue escrito y el momento en que ha sido leído.

Impreso y encuadernado en los Estados Unidos de Norteamérica
ISBN: 978-0-692-93482-1

Este libro está dedicado a nuestros padres Jesús, Rosa, Don, y May, quienes fueron, sin duda, los maestros con mayor influencia en nuestras vidas, y a nuestros hijos Suhail, Rachel, André, Will, y Octavio, a quienes amamos profundamente.

Casa de Huéspedes

El ser humano es una casa de huéspedes.
Cada mañana un nuevo recién llegado.

Una alegría, una tristeza, una maldad
Cierta conciencia momentánea llega
Como un visitante inesperado.

¡Dales la bienvenida y recíbelos a todos!
Incluso si fueran una muchedumbre de lamentos,
Que vacían tu casa con violencia
Aún así, trata a cada huésped con honor
Puede estar creándote el espacio
Para un nuevo deleite

Al pensamiento oscuro, a la vergüenza, a la malicia,
Recíbelos en la puerta riendo
E invítalos a entrar

Sé agradecido con quien quiera que venga
Porque cada uno ha sido enviado
Como un guía del más allá.

Rumi

TABLA DE CONTENIDOS

Prefacio 1

Introducción 11

Capítulo 1: Historia y contexto 15

Capítulo 2: Una nueva interpretación........................25

Capítulo 3: El significado de las emociones 51

Capítulo 4: Grupos emocionales 117

Capítulo 5: No exactamente emociones...................135

Capítulo 6: Navegando las emociones 151

Capítulo 7: Emociones en la vida diaria...................169

Capítulo 8: Emociones en el amplio mundo.............179

Capítulo 9: Conclusión 203

Capítulo 10: Diccionario de emociones y estados de ánimo....207

Sobre los autores..273

Nuestro trabajo 275

Agradecimientos...277

PREFACIO

Muchos de nosotros creemos que somos emocionalmente fijos, que la única manera que podemos cambiar en el dominio emocional es a través de años de terapia o medicamentos. Yo también creía eso, pero ya no. Para mí, el gran momento de revelación llegó durante un tiempo en el que luchaba con la ansiedad. Vivía años oscuros, confusos, destructivos. Mi camino de salida se dio por dos cosas. Una fue que ingresé en un grupo de apoyo y aprendí todo lo que tenían para enseñarme. La otra fue aprender sobre las emociones. Me alfabeticé emocionalmente. Pude darme cuenta de que, más allá de que era una persona educada en el sentido tradicional, era emocionalmente ignorante. Esta era una parte de mí de la que no tenía conocimiento o entendía, ni siquiera del modo más básico.

Abrir la puerta al aprendizaje de las emociones me obligó a ver mi ignorancia y relacionarlas con las decisiones que tomaba cada día. Tuve que aprender que el caos que estaba viviendo nacía de mi propio analfabetismo emocional y solo podía ser resuelto a través del aprendizaje. Los seres humanos no somos tan racionales como pensamos que somos. Razonamos y usamos la lógica, pero no somos "seres racionales". Si fuese así, ¿por qué tenemos emociones? No serían necesarias. ¿Y si existen por una razón? Cuando exploramos esta idea, nos damos cuenta de que hemos subestimado una de las herramientas más importantes que tenemos como seres humanos.

¿Tienes una pareja o cónyuge? Si es así, ¿la selección de esa persona fue una elección racional? Puede que rías, porque elegir pareja o cónyuge es probablemente la última de las elecciones racionales que hayamos hecho. Luego de pensar en esto por unos momentos, podemos reconocer que lo que impulsó esa elección fueron las emociones. Puede que nuestros padres nos hayan dado todo tipo de razón para no hacerlo, o que nuestros amigos dijeran que no era una buena idea, igual nos casamos con esa persona. Los argumentos, la lógica, no importaron. También es así cuando compramos un auto, elegimos un perro o decidimos qué comer en un restaurante. Es así con todo. ¿Es racional tener hijos? Bueno, no, no del todo. A veces ni siquiera es una gran idea. Pero lo hacemos. Así que la cuestión es, ¿por qué lo hacemos? Si somos seres racionales, deberíamos ser suficientemente "inteligentes" para no hacer esas cosas que no tienen sentido, pero las hacemos. Entonces, ¿qué sucede? Lo que sucede son emociones, porque las emociones dirigen nuestro comportamiento. Y esto no es ni bueno ni malo; simplemente es.

Mi historia

En los días anteriores a comenzar a aprender sobre las emociones, el *miedo* era una de las fuerzas conductoras de mi vida. Experimenté mucha *ansiedad*. No sabía la diferencia en ese entonces, pero las dos eran compañeras constantes. Había otras emociones también. La *soledad* era claramente una, y la *falta de confianza en mí misma* era otra. Pero el *miedo* era la más grande. *Miedo* de estar sola, *miedo* de ser rechazada, *miedo* a meterme en problemas, *miedo* de ser pillada, *miedo* de perder mis relaciones, *miedo* de todo. Diría que, en ese momento, agrupé todas esas emociones en *ansiedad*. Luego, cuando fui capaz de nombrar distintas emociones, me di cuenta de que eran *miedos* específicos. Pero, al comienzo, era solo una gran bola de *ansiedad*; me sentía *ansiosa* por todo. No sabía si lo que sentía eran técnicamente ataques de pánico, pero sufría mucho.

Prefacio

E hice lo que mucha gente hace, evitar las sensaciones. Hacía cualquier cosa que me ayudara a evitar el dolor del miedo. Trabajé mucho, miré mucha televisión, e inclusive evité mis emociones leyendo de manera obsesiva. Todas las cosas que hice, las hice porque las disfrutaba pero, durante este tiempo las estaba haciendo para evitar emociones que no quería sentir o reconocer. En las relaciones, tenía una tremenda cantidad de *miedo* de que mi pareja me dejara, me abandonara, estaría sola; así que intenté controlar la relación. Intenté controlar a la persona. Era manipuladora para conseguir que las cosas fuesen a mi modo. Pero lo principal era asegurarme de que no me dejara, aunque no tuviera ninguna intención de irse, lo cual no hizo. Fue un momento oscuro y confuso.

El grupo de apoyo me transmitió la idea de que lo que estaba haciendo era escapar de mis emociones. Cuando sentía *ansiedad*, trataba de alejarme de ella a través de distracciones compulsivas como mirar televisión o salir a la calle sin rumbo fijo. Lo que sea que hiciera, era con el propósito de evitar mis emociones. Mis mentores me dijeron que necesitaba encontrar un modo de "convivir con mis emociones". No tenía idea de qué significaba eso. Un día, sin saber qué más hacer, decidí que si me quedaba quieta, no tendría opción; no sería capaz de evitarlos. Tuve que forzarme a mí misma a, literalmente, sentarme sobre mis manos para permanecer quieta y sentir las emociones que había estado evitando. Fue extraño e incómodo, pero mejor que el miedo y el dolor. Ahora me doy cuenta de que, en ese momento, dejé de huir. Comencé a hacer esto cada vez que sentía que las emociones me agobiaban. A veces era por cinco minutos, otras veces veinte, e incluso puedo recordar oportunidades en que fue casi una hora.

Mi miedo real antes de empezar a construir una comprensión de las emociones es que ellas me iban a matar, porque eran verdaderamente fuertes, dolorosas y aterradoras. Suena tonto ahora, pero en ese momento lo creía así. Poco a poco, me di cuenta de que, por muy mal que las sintiera, no iban a lastimarme. Lentamente comprendí y aprendí que no necesitaba *negar* y evitar mis emociones, aunque fueran muy desagradables. Enfrentarlas y entenderlas iba a ayudarme, aunque no supiera cómo. Comprendí que, si aprendía algo sobre mis emociones, ellas no serían capaces de controlarme como hasta ahora.

Cuando comencé a formarme como coach y aprendí mis primeras distinciones emocionales, fue cuando comprendí cuán analfabeta era en el dominio de las emociones y que, si las emociones guían nuestro comportamiento, seguramente me estaba comportando del modo en que lo hacía debido a las emociones. Lo que me faltaba era saber cuáles eran las que me guiaban: eso era lo que necesitaba aprender.

Tuve la suerte de haber sido siempre buena aprendiz. Mis padres lo eran, y me enseñaron que aprender nunca es un desperdicio. Así que cuando pude ver lo que necesitaba aprender, o el área en la que necesitaba aprender, las cosas se volvieron mucho más fáciles y creí que quizás allí había algo valioso para mí. Al final, eso hizo que mi aprendizaje sobre las emociones fuera muy lógico, útil y práctico para mí.

Primero, tomé conciencia de mis emociones el día que me senté sobre mis manos sin hacer nada excepto observar mis sensaciones. Al comienzo fue incómodo, y estoy segura de que mis primeros pasos fueron poco elegantes. Poco a poco, aprendí a identificarlas y comprendí que las emociones, a veces, se sienten similares pero son distintas. Comencé a entender que cada emoción tiene su propia historia, y que si escucho esa historia, aún si no estoy segura en qué emoción estoy, ella me lo dice. Reconocí distinciones, comprendí qué emociones sentía, cómo me instaban a actuar, y me pregunté si el comportamiento subsiguiente era algo que fuera útil para crear la vida que quería. Me di cuenta de que aprender sobre las emociones era tan importante como cada cosa que había aprendido intelectualmente hasta ese momento en mi vida.

Sería darme demasiado crédito decir que me di cuenta de todo ello al comienzo. Fue similar a iniciar un viaje viendo un lugar que parecía intere-

Prefacio

sante y pensar "quizás hay algo allí para mí", e ir allí. Y cuando llegas, ves lo siguiente y luego ves la próxima cosa. Y entonces, en algún momento, te das cuenta "guau, nunca tuve la intención de hacer este recorrido, pero sucedió". Y sucedió porque había algo útil para seguir avanzando en esa dirección. Para mí, había algo que ayudaba a calmar el dolor y la confusión.

Ese fue realmente el comienzo de mi camino, dar los primeros pasos y luego tener gente que me apoyara cuando me salía del mismo. Pero también hubo algo valioso en conectarme con el dolor de cuán terrible era vivir en *ansiedad* y *miedo*, y darme cuenta de que yo estaba creando mucho de ello a través de mis propias acciones. Nadie más lo hacía por mí.

Antes, siempre me veía *calmada* por fuera pero nunca me sentía *calmada* por dentro. Siempre estaba *aterrada, ansiosa, dubitativa* y *temerosa*. Por fuera había aprendido a cultivar una apariencia *calmada*, pero, por dentro, no lo estaba. Ahora me veo *calmada* y me siento *calmada*. Hay pocas oportunidades en que me siento *ansiosa*; ya no me siento controlada por el *miedo* y ahora no es muy frecuente que las emociones me atrapen. Las siento, y al escucharlas de un modo diferente, me brindan información. Así que cuando me escucho a mí misma pensando "eso no es justo", pienso ¿Estoy sintiendo *rabia*? ¿Por qué? ¿Está basado en algo real o es alguna historia que yo misma he creado?".

En el pasado, mis emociones me llevaban. Mis emociones dictaban qué y cómo viviría mi vida. Ahora diría que me he hecho amiga de mis emociones. Me sirven. No me controlan. Por supuesto, hay cosas a las que reacciono, pero tengo muchas más opciones sobre cómo voy a responder a esas emociones una vez que las he escuchado. Así que hay un mezcla bonita de reacciones y respuestas. Eso faltaba antes. No tenía habilidad para responder; era reactiva. Ahora, la conversación en mi cabeza se enfoca en abrazar la emoción, aceptarla y buscar su valor. Abrazar una emoción también significa no descartarla como una invención propia. Si siento *miedo* de que mi pareja me vaya a dejar, puede haber una posibilidad, pero pelear con él no va a ser beneficioso. Intentar controlarlo tampoco lo va a ser. Lo que sí será útil será decirle "me doy cuenta de que me siento *celosa*, sin un motivo en particular. Tengo este *miedo* de que voy a perderte o de que vas a irte. Simplemente quiero que lo sepas". En el pasado lo escondería porque era algo que no podía compartir; no podía hablar sobre ello porque me sentía *avergonzada* de admitirlo. Si hubiera dicho "tengo miedo de que me dejes", pensaba que eso lo llevaría a dejarme. Así que, en el pasado, sentí *miedo* del *miedo*.

Ahora diría que siento *curiosidad* por el *miedo*. A veces el *miedo* me *divierte*. Pienso "vamos, Lucy. Tienes 61 años y has pasado por mucho en tu vida. Sabes cómo funciona esto. No caigas en esto. Quizás él sí vaya a dejarte. Bueno, entonces te comprarás una motocicleta y recorrerás Europa. Encontrarás algo para hacer. Irás a trabajar en una excavación arqueológica y serás feliz, solo que de un modo diferente". He podido comprender que ninguna historia es verdadera, solo que producen distintas emociones, y yo puedo elegir la historia y la emoción en las que quiero vivir. La comprensión final que me ayudó a *aceptar el miedo* fue que, más allá de cuán cerca estaba de la otra persona, ya estaba sola. Y había sido siempre así. No era que "un día iba a estar sola". Iba a morir sola, y no importaba si me iba de primera o segunda, así será. *Aceptar* esa realidad fue el paso final, porque me permitió dejar ir los intentos de aferrarme a mi pareja. Ese paso me trajo una enorme *paz* y calma.

Ahora mantengo conversaciones completamente diferentes conmigo misma. Para ponerlo en mis propios términos, siento emociones diferentes sobre esas emociones, pero diría que son mucho menos poderosas, porque, cuando siento *miedo*, puedo nombrarlo; cuando siento *celos*, puedo nombrarlos, y sé lo que quieren decirme. La emoción de *celos* no intenta darme miedo; me está preguntando: "¿estás prestando atención a esta relación verdaderamente? ¿Estás haciendo lo que puedes hacer o lo que quieres en esta relación? ¿O estás igno-

Prefacio

rando algunas cosas a las que crees que sería mejor prestarles atención?". Es una muy buena pregunta, porque muy seguido no presto atención a algo que tiene impacto en la relación. "¡Así que presta atención!" es lo que dicen mis celos.

¿Por qué emociones?

Existen dos emociones que nos permiten comenzar un viaje hacia el aprendizaje sobre ellas. Una es la *curiosidad* y la otra es el *escepticismo*. Cuando nos sentimos *curiosos* decimos "nunca pensé en las emociones de este modo. Dime más, dame un ejemplo, muéstrame cómo funciona". Cuando somos *escépticos* decimos "espera un minuto. Eso no es lo que aprendí, así que no estoy seguro de creer en eso". Eso es para lo que sirve el *escepticismo* como emoción. Se supone que nos ayuda a descubrir aquello en lo que creemos. "¿Voy a creer aquello que aprendí antes o voy a tomar esta idea nueva y creer en ella?". Para aquellos de nosotros que hemos estado muy impregnados de racionalismo, que somos muy lógicos y cerebrales, el *escepticismo* es muy común. No significa que no aprenderemos o estaremos abiertos en algún nivel; simplemente vamos a ser cuidadosos al comienzo. Queremos estar seguros de que no estamos siendo engañados con "cosas emocionales". Y otras personas son *curiosas*. Al final, quizás crean y acojan la idea, o puede que no, pero saben que quieren saber más.

Las emociones y los estados de ánimo son parte intrínseca de lo humano. Cada uno de nosotros está experimentando continuamente emociones que se mueven a través de nosotros en respuesta a los eventos internos y externos. Cuando estamos en presencia de otras personas nuestras emociones están siendo compartidas con y comunicadas a ellos con energía. Las organizaciones están llenas de energía emocional que intentamos alinear continuamente. El liderazgo puede ser pensado como la habilidad de generar las emociones requeridas para la tarea que se ha de realizar. Si ese es el caso, como este libro propone, que las emociones son esa energía que nos mueve a la acción, entonces la existencia misma de la organización depende de las emociones. Aunque a menudo pensamos en la política en términos de muchas conversaciones inútiles e intentos de ganar poder, encontraremos la fuerza motriz fundamental de las emociones bajo esas acciones. El marketing puede ser visto como un intento singular de generar emociones que provocarán que alguien compre un producto. El marketing exitoso nos conecta y nos lleva al consumismo al hacer palanca en determinadas emociones. Los deportes, aunque generalmente sean vistos como una actividad corporal, no existirían sin las emociones de *ambición, orgullo* y *decepción*. Las artes de cualquier tipo son motivadas por otro conjunto de estados de ánimo y emociones. Las eras de la historia son a menudo definidas por el estado de ánimo del momento, y la geografía es frecuentemente un fuerte generador de emociones y estados de ánimo. Por último, las relaciones entre seres humanos —ya sean paternales, familiares o románticas— son todas el resultado y el origen de innumerables emociones.

Es seguro decir que, sin emociones, los humanos no existiríamos. No habría una "razón" para tener relaciones, cuidar los unos de los otros, trabajar, jugar o crear. No tendríamos "el sentido" de evitar un tren que se aproxima, o el de pararnos cerca del borde de un acantilado. No nos veríamos empujados a descubrir nuevos lugares o a inventar nuevas herramientas. De hecho, nada que sea humano ocurriría. No habría actividad humana. Por supuesto, sin emociones nunca nos habríamos vuelto humanos; quizás habríamos dejado de desarrollarnos al nivel de los reptiles, y eso sería el fin de la historia. Afortunadamente para nosotros, no nos detuvimos ahí.

Por mucho tiempo los humanos nos hemos vanagloriado a nosotros mismos por nuestra astucia intelectual. Hemos usado la razón como herramienta para enfrentar los retos de la vida, y construir un entendimiento del mundo que nos

Prefacio

rodea, lo cual nos da un cierto control. Y, sin embargo, nuestra habilidad para pensar y razonar no ha sido suficiente para resolver los desafíos que se nos presentan y aquellos que hemos creado. Pero, dado que creemos que la razón es la única herramienta que nos permite navegar por la vida, la única posibilidad que tenemos es pensar y razonar más. Es el propio éxito de la razón lo que nos ha cegado a otros modos de aprender y conocer.

Existen dos razones importantes para seguir el trabajo de alfabetización emocional. Creo que abrazar el aprendizaje emocional cambiaría la relación de cada ser humano con cualquier otro ser humano. Nos permitiría darnos cuenta y recordar que sentimos *desagrado* no porque la otra persona sea *desagradable*, sino porque ese es el modo en que nosotros la vemos. El *desagrado* no es sobre ellos; es sobre mí. Es mío. Es mi responsabilidad. Lo mismo sucede con la *rabia, la envidia* o el *amor*. Cuando siento emociones, ellas son mi responsabilidad: ser consciente de ellas y darme cuenta de cómo influyen en mi vida. Cambia fundamentalmente la relación de una persona con las emociones cuando se hace cargo de las mismas...de *todas* ellas. No puedo seguir diciendo "está bien lastimar a esta persona porque me hizo sentir "*rabia*". Eso ya no es justificable. Es mi *rabia*; ellos son solo el blanco. Siento *rabia* porque creo que algo es injusto. Esto es lo que la rabia intenta decirme. Puedo reaccionar y castigar, o puedo responder buscando eliminar la injusticia, pero, cualquier cosa que elija, aún es mi *rabia* y mi responsabilidad. No podemos ver esto por ignorancia. Hablamos de que otros "nos hacen sentir *rabia*", pero pasamos por alto que pueden haberle hecho exactamente lo mismo a alguien más y no haber desencadenado rabia en ellos, u otra persona puede habernos hecho lo mismo y no haber provocado *rabia* en nosotros. Hasta que asumamos la responsabilidad de nuestras emociones y aprendamos sobre ellas, no podremos elegir aquellas que nos darán apoyo y nos servirán en el momento. La alfabetización emocional nos brinda una herramienta extraordinaria para crear la vida que deseamos.

EMOCIONES: UN REGALO POR ABRIR

Abrazar el aprendizaje emocional también cambiaría la relación de cada ser humano con el mundo y la naturaleza. En el mundo existe un deseo tremendo de estar en paz. Hay un deseo creciente de vivir en armonía con el mundo natural y parar de destruir lo que hace que la vida sea posible. ¿Qué se interpone en el camino? La ignorancia emocional. No entendemos las emociones de una manera que nos permitan construir aquello que queremos construir. Hasta que no abracemos el aprendizaje del dominio emocional, las emociones nos poseerán, en vez de poseerlas nosotros a ellas.

Nuestra visión es que usarás este libro como un paso hacia la alfabetización emocional, y lo usarás en todas las áreas de tu vida. Nuestro deseo es que lo que aprendas de este libro, apoye y mejore tus relaciones con tu pareja, familia y amigos, y que sea útil para lo que persigas en tu vida, ya sea dentro de la educación, el cuidado de la salud, los servicios legales, la ingeniería o cualquier otra área. La competencia emocional es parte de vivir una vida humana rica.

En el mejor de los casos, queremos que este libro tenga el rol de normalizar las emociones y convertirlas así en parte de quienes somos, y que ya no sean consideradas extrañas o incómodas. Creemos que mientras más personas nos transformemos en seres emocionalmente alfabetizados, lograremos que el mundo mejore del mismo modo en que el conocimiento lo ha hecho.

Como mínimo esperamos que, luego de terminar de leer este libro, un lector quizás diga "bueno, no lo comprendí por completo, pero quizás haya algo allí". Si todo lo que hace este libro es abrir una posibilidad de ver a las emociones de un modo distinto, estaremos satisfechos. Si un lector termina aprendiendo una distinción—por ejemplo, la diferencia entre *servicio* y *sacrificio*—estaremos encantados. Incluso la pieza más pequeña que sea aprendida será valiosa y cambiará tu relación con tus emociones.

INTRODUCCIÓN

Cómo usar este libro

Cada emoción sobre la que hemos escrito es importante, pero algunas son más comunes que otras. Algunas, como *rabia, compasión* o *duda,* se encuentran a diario, mientras que otras —como la *furia,* por ejemplo— las experimentamos quizás pocas veces en la vida. Puede que pienses en las más comunes como las teclas medias de un teclado de piano, y en las más raras como las notas más altas o bajas. Todas son útiles y son parte de una composición rica, pero algunas se usan más que otras. A veces, nuestras emociones son como acordes musicales: tres o cuatro notas al mismo tiempo. Así como con la comprensión de los elementos de un acorde, es útil separar las notas individuales para entenderlas claramente y ver cómo suenan cuando se las toca juntas.

Nuestra esperanza es que este libro te brinde un nuevo modo de pensar las emociones, y, más importante, que te aporte herramientas que puedas usar a diario para darle más sentido a la vida. Hemos organizado el libro en cuatro secciones. La primera expone nuestra interpretación de las emociones y de los estados de ánimo. La segunda sección echa un vistazo a más de cien de las emociones más comunes que encontramos en nuestro trabajo, y cómo Dan y yo las hemos podido comprender. La tercera lleva esta interpretación al mundo de la vida diaria y las experiencias en su conjunto, y la cuarta es un diccionario alfabético de aproximadamente 220 emociones que enumera la raíz etimológica, su significado y el propósito de cada una. Esta última sección está diseñada para servir como una herramienta de referencia que pueda ser usada cuando busques entender una emoción específica. El índice también te permitirá encontrar fácilmente la referencia de lo que hemos explicado sobre cualquier emoción, así que puedes usar este libro como un recurso.

En este libro nos enfocamos principalmente en nuestra interpretación de las emociones y exploramos muchas distinciones. Somos conscientes de que se podría escribir mucho más sobre las emociones y su relación con el cuerpo o la biología, y aún se pudiera explorar más en el área de la cultura.

Tampoco le pusimos mucha atención a la pregunta sobre cómo trabajar con las emociones: ¿Cómo puedo cambiar mis emociones?¿Cuáles serían modos útiles de practicar las emociones que quiero cultivar?¿Cómo puedo aprender las distinciones más finas?, etc. Es una exploración infinita y muy personal, y puede ser sujeto de futuros libros. Es también el trabajo que hacemos personalmente en nuestro coaching y talleres, y te invitamos a contactarnos si te interesa.

La autocomprensión humana está en constante desarrollo, particularmente en esta área. Si tienes ejemplos o pensamientos que quieras compartir, si notas emociones que falten en alguna de nuestras listas, o si tienes una interpretación que crees que puede expandir este cuerpo de conocimiento, estaremos agradecidos si nos escribes. Este es un trabajo en el que estamos inmersos continuamente y, como resultado, está en constante desarrollo y toma matices cada vez mayores. Le damos la bienvenida a tu colaboración. Puedes contactarnos por correo electrónico a dan@dannewby.me o lucy-nunez.alg@gmail.com.

Introducción

Finalmente, puede que estés curioso por saber de dónde proviene esta interpretación de las emociones. No es creación nuestra sino que ha surgido del enfoque del entendimiento del humano como un ser completo, que ha sido catalogado como *ontológico*. En pocas palabras, el entendimiento ontológico de los seres humanos consiste en que somos más que simples seres racionales, y que las emociones y el cuerpo son también dominios legítimos de aprendizaje y conocimiento. La perspectiva ontológica es que, durante los cuatro siglos pasados, nos hemos visto cada vez más como seres racionales y, así, hemos entendido que aprender es una función únicamente intelectual. Coaches y maestros que toman el modelo ontológico trabajan con sus clientes desde el lenguaje (la herramienta de la razón) y le prestan igual atención a las emociones y al cuerpo (lo somático) para ayudar a formular un aprendizaje completo y sostenible. El modelo ontológico no niega o subestima la racionalidad de ninguna manera, pero la relaciona con estas otras dos partes esenciales de nuestro ser.

Capítulo I

HISTORIA Y CONTEXTO

Muchas gracias por tu correo electrónico. Llegó en medio de mi confusión. Lloré al leerlo pero, esta vez, el llanto era bueno: lo sentí fortalecedor.

La emoción de "dignidad" se siente muy bien. Estaba intentando pasar a "esperanza" porque pensé que esa sería la emoción que me serviría. No podía llegar a "esperanza". La dignidad estaba allí.

Entonces, he estado llevando la "dignidad" por algunas horas hoy y he elaborado esta declaración: "No me haré la distraída cuando la gente escupe su tirria y enojo. Me pondré de pie por mi propia legitimidad como ser humano y por otros. A partir de este momento, me pondré de pie para proteger, cuidar y fortalecer la humanidad: la mía, la tuya, y la de todos".

Desde que me conecté con mi dignidad, he notado que ya no temo declarar que soy musulmana. Despues del 11 de Septiembre, no decía nada y evitaba el tema cuanto me fuera posible. Si lo revelaba, venía acompañado de "pero no soy como los extremistas". Ahora ya no siento la necesidad de esconder esa parte de mi identidad. Sí, todavía estoy un poco asustada, pero no petrificada, avergonzada o pesarosa.

Hace poco recibí este correo electrónico de una ex estudiante y coach. Ella utiliza las emociones en su trabajo con clientes pero, como puedes leer, ha aprendido a aplicar su poder en su propia situación. Para nosotros, esta carta no se trata solo de su aprendizaje y recorrido individual, sino también sobre nuestro recorrido humano colectivo. Comprender e, inclusive, hacerse amigo de las emociones es una de las cosas más poderosas que podemos aprender como seres humanos.

Dónde nos encontramos a nosotros mismos

La creencia central que impulsó la creación de este libro puede ser resumida en siete palabras: "Nosotros los seres humanos somos emocionalmente analfabetos".

Eso no significa que haya algo malo en nosotros, solo que todavía no hemos aprendido a entender las emociones de un modo útil. Es similar a la relación de una persona no educada o analfabeta con las palabras escritas. Él o ella pueden ver la escritura y entender que las letras tienen un valor y un propósito, pero no puede descifrar o darle sentido de una manera significativa. Aunque algunas pocas personas sean incapaces de aprender a leer, es más probable que el analfabetismo resulte de no haber tenido la oportunidad de aprender. Vemos una posibilidad similar con las emociones. Los humanos hemos desarrollado muchas estrategias, teorías y modelos que nos ayuden a entender las emociones, pero no hemos encontrado una que devele su significado y utilidad. Sin embargo, hay una interpretación de las emociones que creemos que hace justamente eso.

Al parecer, durante la mayor parte de la historia humana, hemos pensado sobre las emociones y hemos intentado decidir cómo comprenderlas. Creímos que se originaban del pensamiento o del cuerpo. Hemos pensado en ellas como un resultado de equilibrios o desequilibrios biológicos. Han sido clasificadas como parte de la filosofía, la biología, la sociología y la psicología, pero el

Capítulo I: Historia y contexto

consenso de la mayoría de las teorías es que existen como una parte inseparable de nuestra experiencia humana, y que, en cierta medida, son parte de nuestra composición intrínseca y el resultado de nuestras experiencias. El lugar al que hemos llegado en este recorrido es una relación incómoda e inclusive sospechosa con las emociones. Tendemos a verlas residiendo en y emanando del corazón. Creemos que no son dignas de confianza y que compiten con o se encuentran en oposición al pensamiento y la lógica. Las vemos como el opuesto a la razón y generalmente creemos que necesitamos "hacerlas a un lado" para poder "pensar claramente". Creemos que son fijas o, por lo menos, muy difíciles de cambiar, y que solo pueden ser cambiadas de la mano de ayuda profesional. Nuestra principal manera de interactuar con nuestras emociones es controlarlas o manejarlas, o al menos intentarlo, más allá de que a menudo tenemos miedo de su poder y creemos que la vida sería mejor si tuviéramos menos de ellas. En cierto modo nos relacionamos con ellas como si fueran una infección o un alienígena que se mudó con nosotros, y hacen todo lo que pueden para socavar la vida que hemos construido. En síntesis, no somos grandes *fans* de las emociones y, a veces, hemos deseado que simplemente desaparezcan y nos dejen en el predecible mundo de la razón.

Dada esta perspectiva, no es sorprendente que hayamos dejado el aprendizaje de las emociones al azar. Cuando examinamos los temas que constituyen una educación formal, la lista es larga en cuanto a lo cognitivo y lingüístico, pero hay muy poco en el campo de las emociones. En esencia, *esperamos* que nuestros hijos aprendan sobre emociones, pero no parece que sepamos cómo ayudarlos de un modo metódico o formal. Nuestra expectativa es que amándolos y diciéndoles qué emociones son convenientes y cuáles no, ellos aprenderán lo suficiente. Incluso, sobrevivir la confusión que significa ser adolescente, no asegura que estén preparados para vivir con competencia emocional. Una vez que somos adultos, asumimos que nuestra composición emocional está fija y no cambiará; por lo tanto, no encontramos mucho valor en aprender sobre ella, a menos que esté relacionada a un desequilibrio de aquello a lo que nos referimos como nuestra salud mental. Y, en ese caso, tendemos a recurrir primero a la medicación antes que a aprender.

Quizás sea el caso con emociones que están demasiado cerca de nosotros y por esa razón no nos demos cuenta de ellas. O puede ser que estemos conscientes de ellas, pero creemos que podemos ignorarlas o librarnos de ellas. Quizás les temamos, o puede ser que las consideremos como una reliquia inútil del pasado, del mismo modo en que vemos nuestro apéndice. Sin importar la razón, el hecho de que no las veamos como una parte indispensable de nosotros mismos nos lleva a desestimar su valor.

La creencia de que las emociones y los estados de ánimos son fijos y que no hay nada que podamos hacer para cambiarlos ha sido común por mucho tiempo. El resultado lógico de esta visión es que el único modo de relacionarse con las emociones es controlarlas o manejarlas. La mayoría de la gente entiende a las emociones como que están programadas dentro de nosotros, y, por lo tanto, ellas pueden *controlarnos*. En este caso, "nosotros" es sinónimo de nuestro intelecto, que hemos llegado a ver como nuestra única guía confiable en la vida. Así que nuestro modo habitual derelacionarnos con las emociones es no confiar en ellas y creer que no se puede confiar en ellas. Gran parte de los humanos se sienten como mínimo incómodos con sus emociones y, en muchos casos, tienen miedo de ellas.

El surgimiento del racionalismo

Desde la famosa frase de René Descartes "pienso, luego existo" en 1637, hemos colocado cada vez más la razón sobre la emoción como la base del conocimiento. Hasta hace algunas décadas, usualmente creíamos que "saber" era sinónimo de comprensión cognitiva. Cualquier cosa que quisiéramos "saber" tenía que atenerse a las reglas de la lógica, la razón o las disciplinas asociadas a la matemática, física y otras "ciencias duras". Cualquier "conocimiento" fuera de estos límites era sospechoso o ridiculizado. Esta creencia ha situado a los estados de ánimo y las emociones fuera de una consideración seria como un dominio de conocimiento y aprendizaje. Nuestro estrecho enfoque en la razón y el racionalismo resultó en el abandono de las emociones como campo de aprendizaje y conocimiento, a no ser que se encontraran dentro de los límites de las "ciencias blandas": psicología, sociología, y similares. Pero incluso estas no fueron tomadas en serio como "ciencia real" y, por lo tanto, no eran consideradas como "verdadero conocimiento".

Hemos ignorado las emociones como herramientas potencialmente valiosas. Las hemos prohibido o las hemos considerado sospechosas por mucho tiempo dentro de organizaciones. Este rechazo por las emociones es histórico. Durante la Revolución Industrial, el concepto de un grupo de gente trabajando junta cambió de orgánico a mecánico, al aplicarse los principios de la máquina sobre los seres humanos. La palabra *organización* refleja la idea de grupos trabajando juntos, siendo orgánicos por naturaleza. Las palabras *trabajo* y *trabajador* derivan de una medida mecánica del esfuerzo. En nuestros lugares de trabajo, las emociones aún hoy son trivializadas a veces, y casi siempre son subestimadas porque contradicen la naturaleza mecánica del *trabajo*.

En resumen, hemos confundido el tener emociones con ser irracional. No es lo mismo, y, cuando no distinguimos entre estos dos conceptos, perdemos el potencial de ambos. Es interesante notar que, más allá de que la creencia de Descartes se convirtió en una fuerza casi imparable en el pensamiento occidental, también existían otros con perspectivas diferentes desde el principio. Uno de ellos fue Blas Pascal, un contemporáneo de Descartes, quien respondió a la frase de este escribiendo "el corazón tiene razones que la razón desconoce". En todo este tiempo hubo gente que no vió la razón como el único modo de conocer e inclusive pensar, no obstante, se convirtió en la manera más común de entendernos a nosotros mismos y por lo tanto, al mundo.

Hiperracionalismo y la devaluación de las emociones

Al haber progresado en el camino de vernos a nosotros mismos como seres racionales, se estrechó cada vez más nuestra opinión. Nos hemos acercado a una especie de hiperracionalismo que excluye por completo cualquier forma de conocimiento excepto la razón. En otras palabras, la razón es considerada el modo único y principal de conocer algo.

Este libro está basado en el concepto de que la validez de una idea depende de su utilidad. No intentamos probar que una cosa es verdadera y otra es falsa, sino que queremos compartir una perspectiva que ha sido útil para un creciente número de personas.

Considerar las emociones como un dominio de aprendizaje equivalente a la razón es de tremenda ayuda para nuestro autoentendimiento como humanos. No es más o menos confiable. Cuando ambas se combinan, pueden producir una sinergia que no hemos experimentado nunca antes, y nos permite vivir de un modo más dinámico y con un mayor sentido de confianza en uno mismo. Los humanos hemos ignorado durante mucho tiempo el dominio emocional, y, al hacerlo, esto nos ha llevado a ser emocionalmente ignorantes. La buena noticia es que la ignorancia puede ser revertida a través del aprendizaje, y que tenemos la oportunidad de aprender sobre las emociones. En síntesis, las emociones pueden volverse uno de los mayores pilares de apoyo en la vida. Podemos hacernos amigos de ellas y aprender a desarrollar un nivel más alto de confianza en su valor.

La creencia, al menos en la cultura occidental de los últimos siglos, ha sido que las emociones son sospechosas y poco confiables; no podemos fiarnos de ellas para tomar decisiones, y necesitamos quitarlas de la ecuación para poder hacer elecciones sensatas. El nombre de esta actitud es *objetivismo* y es una idea de la ciencia del siglo XIX. En ese tiempo, se creía que el observador de un objeto no tenía influencia ni podía afectar el estado del objeto y, por lo tanto, estaba separado de aquello que observaba. Resulta que, a través de la teoría cuántica, hemos aprendido que esto no es así. Se ha probado que el observador es un factor a determinar en el resultado del experimento, y la vieja idea de que era posible ser objetivo se diluyó. Ahora podemos ver que al momento de tomar una decisión, las emociones de la persona que está decidiendo no pueden ser removidas. Las emociones son parte del que decide y, por lo tanto, son parte del proceso. No puede ser de otro modo.

Dado este desarrollo del entendimiento humano del universo (del que somos parte), es hora de considerar cómo podemos ver las emociones a través de un lente actualizado. Además de demostrar que "ser objetivo" no es la posibilidad que pensamos que era, también hemos aprendido que cada uno de nosotros es un observador distinto y único. Por lo tanto, lo que vemos cuando miramos el mundo dependerá más de nosotros que de aquello que miramos. En el área de las emociones, esto significa que, más allá de que tú y yo usemos la palabra "rabia", cada uno tiene su propia interpretación de qué es la rabia, cómo se ve, y cómo se siente. Nuestras interpretaciones probablemente sean similares, pero no exactas. De hecho, no hay modo de saber si son exactas. Por lo tanto, puede decirse que cualquier emoción tiene una *interpretación* pero no una *definición* que aplique universalmente.

Emociones y aprendizaje

En el área de las emociones existe algo que es clave tener en cuenta en términos de aprendizaje. Dada la influencia mecánica sobre nuestro modo de ver el mundo, tendemos a pensar que el conocimiento es *acumular información*. Cuando nos acercamos al aprendizaje emocional, hay una distinción entre *aprender emociones* y *aprender sobre emociones*. **Aprender sobre emociones** es internalizar y entender los conceptos, la idea y la lógica; todos los modos cognitivos en que podemos *aprender* algo. Por ejemplo, *aprendemos a cocinar* mirando programas de cocina en televisión. **Aprender emociones** llega a través de estar en contacto con ellas, sintiendo su energía, nombrándolas, experimentando con ellas y abrazándolas; es en resumen, a través de sentirlas y aceptarlas, como cuando estamos en la cocina cocinando. En cierto modo, es aprender de dentro hacia afuera.

La comprensión total llega al enlazar lo conceptual y lo empírico. Y *saber sobre* emociones puede ayudarnos a *conocer* las emociones. Este libro presenta ideas, conceptos y modelos que, de ser adoptados, te permitirán experimentar tu relación con las emociones de otra manera. Sin embargo, sin la creación de experiencias que incluyan a las propias emociones, existe el riesgo de aprender solo acerca de las emociones. Por supuesto, esto es así para aprender cualquier cosa de forma profunda y completa, pero dada nuestra tendencia a considerarnos seres racionales, a menudo caemos en la creencia restrictiva de que si sabemos *sobre* algo, ya tenemos una visión completa sobre ese algo. Con las emociones definitivamente no es así. Puedes ganar una gran cantidad de entendimiento cognitivo de este texto, pero necesitarás dedicar tiempo a las experiencias emocionales y su reflexión para obtener una comprensión más amplia sobre este dominio.

¿Es como sí? ¿O es amor?

Cuando dirigí talleres de pintura intuitiva en grupo, vi cómo la gente suele verse atrapada en la necesidad de que les guste su pintura. Si su pintura no les gusta, sienten como si hubieran fallado o hubieran hecho algo mal. En la conferencia de Dan sobre las emociones lo vi hacer distinciones hermosas sobre qué significa que "nos gusté" algo en la vida. Describió cómo el apego al gusto a menudo produce una visión cerrada del mundo y cómo la emoción del amor es la que a menudo buscamos o necesitamos. Me sorprendió cómo Dan podía llevar a la gente a través de este poderoso territorio sin un pincel en sus manos.

—J.C.

De la frustración a la calma

Mi descubrimiento llegó durante una clase a la que debía asistir como parte de mi trabajo. La recuerdo como si fuera ayer. Ahora sé que estaba en la emoción de la rabia. Estaba lidiando con la muerte de mi madre, que había sucedido hacía tres meses. Mi padre estaba sumido en una depresión; sus emociones cambiaban a cada momento y bebía muchísimo. Mi esposa estaba descontenta con la cantidad de tiempo que pasaba con ella. Mi supervisor era la persona más difícil con la que me había tocado trabajar. La presión que sentía estaba al máximo. Acto seguido, me comunican que debía ir a una clase para aprender a comunicarme de una mejor manera con mis colegas y dijeron que también me ayudaría con mi vida personal. No tenía nada de sentido para mí. Ya estaba atrasado con el trabajo y ahora tenía que tomarme tres días para ir a "jugar" con mis emociones. Estaba exhausto y rabioso porque no tenía opción, tenía que ir a una clase a la que no quería asistir.

La primera mañana intenté aislar la voz del facilitador. Después del almuerzo, comenzamos a hablar sobre qué son las emociones y cómo podíamos entenderlas de un modo útil. Fue en ese momento que empecé a escuchar. Al día siguiente profundizamos en emociones específicas. Qué descubrimiento, entender que mis emociones siempre eran la frustración y la rabia. Aprendí que la emoción con la que yo elegía comunicarme con el otro marcaba la diferencia y, desde ese día, mi vida cambió para siempre. Aprendí muchas maneras de ser un líder positivo y sobre cómo la mente y las emociones trabajan de modo práctico. Ahora siempre reflexiono en qué emoción me encuentro antes de responder a cualquier pregunta o tomar una decisión. Un cambio importante es que ya no sufro ataques de pánico. De algún modo, saber que las emociones son normales y que solo intentan decirme lo qué está sucediendo ha hecho que mi vida sea mucho más calmada y menos atemorizante. Nunca lo habría imaginado.

—L.Z.

Capítulo 2

UNA NUEVA INTERPRETACIÓN

Todos los seres humanos compartimos ciertos aspectos fundamentales. Respirar es algo que todos los humanos hacemos. Comer para alimentarnos es otro. Dormir es una tercera cosa. Estos son aspectos propios de ser humanos que, hasta cierto punto, tenemos el poder de elegir *cómo* o *cuándo* hacerlas, pero no podemos elegir *si* las vamos a hacer o no. Más allá de estos, hay otros aspectos centrales de ser humanos que a veces subestimamos. Uno de estos es que todos los seres humanos tenemos emociones. Las emociones no son discrecionales. Es decir, no podemos elegir si las tenemos o no. **Somos** seres emocionales tanto como somos seres racionales. Aunque individualmente nos relacionemos o expresemos nuestras emociones de modo diferente, dependiendo de nuestro carácter, cultura y experiencia, eso no cambia el hecho de que todos tenemos emociones.

Es fundamental para la comprensión de lo que estamos sugiriendo que todas nuestras creencias sobre qué son las emociones y cómo trabajan son interpretaciones. Pueden ser interpretaciones respaldadas por investigaciones y experimentación. Puede que tengas datos recolectados para "probar" que la creencia que propones es la única verdad, pero, si profundizas lo suficientemente, verás que tu creencia es una interpretación particular de lo que son las emociones. Lo que nosotros, los autores, ofrecemos es simplemente otra interpretación del fenómeno de las emociones. No estamos asegurando que sea la verdad, pero estamos respaldándola como útil y práctica. Nuestros años de experiencia como coaches, profesores, facilitadores y consultores nos han demostrado que no poseer una interpretación útil de las emociones dificulta nuestra habilidad de conectarnos con la vida de muchas maneras. Nos hace menos efectivo en la mayoría de las cosas que hacemos. Es a menudo fuente de confusión porque, cuando creemos que los humanos somos solamente seres racionales, cualquier evento que no pueda ser explicado racionalmente entonces no se puede explicar. Por lo tanto, no es comprensible dentro de los límites que hemos creado con nuestro modo de pensar habitual.

Si buscas en el diccionario la definición de emoción, generalmente encontrarás dos: "una emoción es un sentimiento" o "una emoción es un estado afectivo de conciencia". Mientras que ambas tienen validez, ninguna definición es particularmente útil para entender qué son las emociones, qué rol tienen en nuestras vidas, qué puede significar cuando las sentimos o cómo navegarlas. La interpretación ontológica del dominio emocional, permite que las emociones y los estados de ánimo sean entendidos como herramientas útiles en la vida diaria.

En la interpretación ontológica, una emoción es lo que su etimología sugiere: *e-moción*. Es "eso que te pone en movimiento" o "eso que te mueve". Todos podemos notar la energía que nos urge a movernos más rápido, cambiar de posición o decir algo que nos parece importante. Esa energía es la emoción. En este caso, "acción" y "movimiento" son distintos de "movimiento" en el sentido tradicional. Una emoción como la pereza hará que estar acostado inmóvil en el sofá sea atractivo, que es su particular "predisposición a la acción". Aunque no haya "movimiento", hay emoción porque la disposición es a no moverse. La energía emocional puede mostrarse como una reacción a

Capítulo 2: Una nueva interpretación

una experiencia, lo que sería una *emoción*, o puede ser más duradera, en cuyo caso le llamaremos un *estado de ánimo*.

Tanto los estados de ánimo como las emociones tienen las siguientes características específicas:

Las emociones (y los estados de ánimo) no son discrecionales

Somos seres emocionales. Por nuestra naturaleza, las emociones están presentes y son parte de nuestra composición. Cada humano siente emociones y estados de ánimo. Por supuesto, las demostramos de distinto modo dependiendo de nuestra cultura, historia, género y otros factores, pero las emociones y los estados de ánimo están presentes en cada ser humano, desde el nacimiento hasta la muerte.

Las emociones no son siempre divertidas, y algunas de ellas son rotundamente dolorosas. Muchos de nosotros hemos imaginado alguna vez cómo sería la vida sin ese dolor. Puede que hayamos intentado ser "menos emocionales" o "más objetivos" como modos de intentar manejar el malestar. Quizás hayamos intentado mitigar el dolor con distracciones o abstinencia. Estas cosas puede que funcionen temporalmente, pero no son estrategias útiles a largo plazo. Por tanto que un estilo de vida *a lo Spock* (un personaje de Star Trek que no tenía emociones) nos atraiga algunas veces, no se alinea con la manera en que estamos constituidos los seres humanos. Cada uno de nosotros tiene una parte integral de energía, que llamamos emociones, y esa energía nos mueve. Y así debe ser, puesto que simplemente, sin esa energía, la vida humana no existiría. No habría ningún eje impulsor para refugiarnos y alimentarnos, y las relaciones serían imposibles.

Podemos encontrar una estrategia alternativa dentro del propio dominio emocional. Los intentos de evitar las emociones son, de hecho, la predisposición de una emoción: la *negación*. Siempre que nos mantengamos en *negación*, estaremos encerrados dentro de esta dinámica de intentar minimizar nuestra experiencia con las emociones. Otra opción es la *aceptación*. Desde nuestra experiencia, esta es una emoción que no es bien entendida o muy valorada en la sociedad contemporánea. En lo que fallamos al entender la *aceptación* es que creemos que significa estar de acuerdo, agradar o respaldar algo. Una interpretación más útil es "reconozco que esto es como es". En otras palabras, no estamos luchando contra lo que parece ser un hecho. Ya no nos estamos resistiendo, aunque no siempre nos guste o estemos de acuerdo. Simplemente estamos reconociendo que las emociones son una parte de nuestra composición humana, ya sea que nos guste o no, ya sea que estemos de acuerdo o no, o ya sea que queramos o no. Cuando aplicamos aceptación a la idea de que somos seres emocionales, estamos dando un paso al frente para entenderlas de modo diferente, lo que les permite volverse una herramienta útil.

Las emociones (y los estados de ánimo) son un dominio de aprendizaje y conocimiento

Mientras que antes creíamos que aprender era una cuestión principalmente intelectual (usar el lenguaje como portador de información), la interpretación ontológica dice que las emociones y los estados de ánimo son equivalentes al intelecto como campos de aprendizaje, conocimiento y sabiduría.

Piensa en tu educación formal. ¿Qué patrón ves sobre el criterio que hacía que algo fuese valioso de ser estudiado? Para los autores lo que destaca es que

Capítulo 2: Una nueva interpretación

quizás el 90% de todas nuestras asignaturas se enfocaban en desarrollo cognitivo o intelectual. Estudiamos información, conocimiento y (con suerte) cómo pensar. Casi nada de lo que estudiamos se enfocaba remotamente en el desarrollo explícito de las emociones o su entendimiento. En nuestro sistema, dejamos este aprendizaje en mano de las interacciones sociales que ocurren cuando juntamos grandes cantidades de estudiantes, y está principalmente basada en la *esperanza. Esperamos* que nuestros hijos aprendan sobre sus propias emociones y las emociones de otros, pero no tenemos un sistema que les enseñe estas cosas.

Están aquellos quienes ven la necesidad y el valor de esto, pero, socialmente, no vemos a las emociones y los estados de ánimo como dominios del aprendizaje. Los aceptamos a regañadientes pero creemos que "se interponen" en el camino del aprendizaje. La mayoría de los lectores de este libro, por no decir todos, se han criado en una mentalidad que podríamos llamar Cartesiana. Esto significa que crecimos pensando al mundo como uno basado en ideas similares a aquellas de René Descartes, en el poder de la razón sobre las emociones. Crecer en cualquier sistema de pensamiento hace que veamos a ese sistema del mismo modo en que un pez ve el agua. Simplemente se ve del modo en que el mundo es. Se ve como *La verdad*, y es difícil considerar que es solo una de las muchas maneras en que podríamos considerar el mundo. Recuerdo una conversación con mi hijo (nacido en 1989) en la cual le contaba la experiencia del mundo antes de las computadoras personales. Diría que la emoción que le produjo fue *incredulidad*. En cierto nivel, él no podía imaginar esa posibilidad, ni cómo era la vida cuando esta herramienta no existía. Podemos pensar en muchos ejemplos de modos en que el pensamiento humano ha cambiado en el tiempo. Para nosotros, la idea de que aprender ocurre mayor o principalmente de modo intelectual tiene la apariencia de la verdad, pero lo que estamos comprendiendo es que no es *el mejor modo* de entender el aprendizaje, *solo es el más reciente*. Así como la tecnología que usamos para interactuar con el mundo cambia y se desarrolla, sucede lo mismo con lo que podemos llamar *tecnología humana*. El reconocimiento de las emociones como un campo de aprendizaje tiene amplias implicaciones en términos de cómo nos vemos a nosotros mismos como seres humanos, y a los posibles caminos futuros que se nos abren.

Una creencia común entre nuestros estudiantes y coaches es que las emociones y estados de ánimo son fijos. A menudo la gente expresa esto al decir cosas como "ese tipo de situación siempre me hace "sentir rabia", "así soy yo", lo que revela la creencia subyacente de que no hay posibilidad de cambiar o aprender. Simplemente creyendo que el aprendizaje emocional es posible se abren oportunidades tremendas para el crecimiento humano.

Las emociones (y los estados de ánimo) se aprenden a través de la inmersión

Hemos dicho que el aprendizaje de las emociones es diferente del aprendizaje intelectual, el cual sucede a través del entendimiento, o comprensión. El emocional ocurre a través de la inmersión en la energía emocional, ya sea por pasar tiempo con tus propias emociones, o por estar inmerso en la energía de las emociones de otros.

Habiéndonos enfocado tanto en el aprendizaje cognitivo, estamos acostumbrados al modo en que este opera. Intelectualmente, aprendemos a través de la comprensión. Vemos una situación, un patrón, una palabra, una expresión matemática, y algo hace clic. Le vemos la lógica en un instante. Adquirimos y formamos un entendimiento casi instantáneamente. Podemos decir que la facilidad y velocidad del aprendizaje intelectual nos ha arrui-

Capítulo 2: Una nueva interpretación

nado otros tipos de aprendizaje. Aunque *aprender sobre* emociones puede suceder a través del entendimiento, este permanecerá en el área del intelecto. Para *aprender* emociones, necesitamos estar inmersos en ellas y sentirlas. Es un aprendizaje de otro tipo.

Existen dos modos principales de sumergirse en las emociones. Uno es rodearse de ellas, como cuando crecimos en nuestras familias. Al crecer, absorbimos nuestro estado de ánimo fundamental de este modo. Si crecimos rodeados por *miedo*, probablemente aprendimos a ver el mundo como un lugar peligroso. Si crecimos en el estado de *aventura*, probablemente aprendimos a ver el mundo como un lugar lleno de posibilidades interesantes. Vivir con gente confiable y segura nos enseñará a *confiar*, y ver a aquellos que nos rodean dando mucho de sí libremente nos permitirá aprender la *generosidad*. Lo que ocurre es algo más que aprender los hábitos de estas emociones o escuchar las historias asociadas a ellas, aprendemos profundamente estas emociones en nuestros cuerpos. Esos estados de ánimo y emociones con los que crecemos, los aprendemos por defecto. Pero, luego en la vida, podemos elegir cuál queremos profundizar y cuál queremos disminuir como impulsores y, de esta manera, comprometernos en el aprendizaje emocional.

El segundo modo en que experimentamos la inmersión es al *estar con* emociones, o quizás más precisamente, al permitir que las emociones *estén con* nosotros. La *tristeza* es una emoción que no se valora en Occidente. Tendemos a asociarla con depresión, y va contra las ideas de *ambición* y *entusiasmo*, que solemos preferir más. La vemos como una emoción negativa y no creemos que haya ningún provecho al experimentarla. Así que, cuando nos sentimos tristes u otros nos ven tristes, la reacción usual es "supéralo". Nuestros amigos o familia intentarán distraernos o hacernos reír, o quizás elijamos distraernos nosotros mismos. Sin embargo, cuando sentimos una emoción, está sucediendo algo más que el simple hecho de sentirla. Al mismo tiempo que la sentimos, la *aprendemos*. Esto puede parecer un concepto extraño, pero imagina que no fuese así. Es como si el grado o nivel de *amor* que fuiste capaz de sentir y tuviste por tu hijo al momento de su nacimiento se mantuviese igual ahora que ha crecido, y que este amor no hubiese podido expandirse. Si no creciste con generosidad, no serías capaz de incrementarla luego en la vida; pero, de hecho, puedes. Lo mismo sucede con la confianza, la rabia o la sorpresa. Permaneceríamos emocionalmente estáticos. Así que, permitirnos a nosotros mismos mantenernos en una emoción hasta que "haya terminado su trabajo" o "enseñado su sabiduría" es la principal forma de aprender a través de la inmersión.

El aprendizaje emocional tiene su propio ritmo

Mientras que el aprendizaje cognitivo sucede casi instantáneamente, aprender dentro del dominio emocional sucede en un período de tiempo mucho más largo. No es inusual que lleve semanas o meses lograr que el aprendizaje emocional se asiente.

Así como el aprendizaje emocional tiene su propio proceso, también tiene su propio ritmo. Como dijimos, la comprensión intelectual sucede muy rápido. Cuando estamos aturdidos o confundidos por una situación, no podemos predecir cuándo vendrá el entendimiento. De la misma manera, no podemos predecir cuándo ocurrirá el aprendizaje emocional. Sabemos por experiencia que lleva más tiempo que el entendimiento. Si consideras que adquiriste tu estado de ánimo en la vida durante los primeros 16 o 18 años de tu vida a través de tu familia e inmersión cultural, puedes imaginar que puede llevar meses o años cambiarlo. Podríamos decir que fuimos malcriados por la facilidad y rapidez del aprendizaje intelectual.

Capítulo 2: Una nueva interpretación

De hecho, hay dos maneras de hablar de estos tipos de aprendizaje. A uno "lo desciframos". Es decir, intentamos organizar las partes de la idea de un modo sensato. Así es como llegamos a la comprensión intelectualmente. El otro es lo que "llegamos a entender". Esto describe más precisamente lo que sucede en el aprendizaje emocional. De algún modo, el entendimiento llega, pero quizás no estemos seguros de cómo o cuándo. Generalmente requiere paciencia, pero habrá valido la pena una vez que sucede.

Nunca dejamos de estar en una emoción

La gramática del enunciado tal vez no nos guste, pero enfatiza el hecho de que no hay un momento en que las emociones no estén presentes. Quizás no seamos conscientes de ellas, o no seamos capaces de nombrar cuáles están presentes, pero allí están.

Si entendemos a las emociones como la energía que nos pone en acción, podemos ver que ellas siempre están presentes, ya sea que estemos ocupados o inactivos. Desde que nos despertamos hasta que caemos en la cama, sentiremos una o más emociones. Es interesante considerar que sentimos emociones al dormir. Un argumento a favor sería cuán seguido las emociones se cuelan en nuestros sueños y pesadillas. Independientemente de si están presentes durante el sueño, a veces son las que nos despiertan a la vigilia, lo que sugiere que están activas constantemente.

En ocasiones la gente nos dice que no creen que tengan emociones, o desde luego no todo el tiempo. Una razón posible que parece ser verdad para ellos es que no tienen el hábito de reconocer sus emociones en el acto, o quizás no sepan nombrarlas. Podemos adquirir la habilidad de observar nuestras emociones chequeando primero qué sensaciones corporales estamos sintiendo. Esas sensaciones o *sentimientos* son las que nos alertan del hecho de que hay una emoción presente. Muchos de nosotros no somos agudos observadores de estas sensaciones. Dado que no hemos encontrado modos directos de enseñar las emociones, no debe sorprendernos que a veces no contemos con el lenguaje para articular la emoción que estamos sintiendo. Una buena práctica para comenzar a construir nuestro vocabulario emocional es simplemente comenzar a nombrar la emoción que creamos que estamos sintiendo o que parece estar presente. Al principio, estar en lo correcto no es tan importante como construir distinciones claras. Por ejemplo, las emociones de miedo, ansiedad y duda tienden a tener sensaciones similares. Al decir "siento algo que puede ser miedo, ansiedad o duda" ya comenzamos el proceso. A partir de ahí podemos reflexionar sobre las distintas historias subyacentes para identificar más claramente cuál es la emoción predominante.

Las emociones solo pueden ser conocidas a través de la interpretación

No vemos las emociones directamente pero podemos conocerlas a través de la interpretación de cómo el cuerpo las siente o las muestra, o mediante el lenguaje que usamos para describirlas (lo cual es también una función somática). Esto significa que, lingüísticamente, podemos darle una interpretación a cualquier emoción, pero no una definición absoluta. No puedo saber si a lo que me refiero como amor conlleva las mismas sensaciones para otros como las que me produce a mí. Podemos tener una idea del *campo de juego* en el que nos encontramos, pero sabemos que las emociones no son empíricas.

Sostenemos que las emociones no tienen definiciones estrictas, pero es posible estar de acuerdo en interpretaciones útiles de ellas. No existe una

Capítulo 2: Una nueva interpretación

guía definitiva sobre qué es y qué no es una emoción, ni del significado de ninguna emoción específica. Cuando hablamos sobre emociones estamos traduciendo entre dominios—lenguaje y emoción—y el proceso es similar a traducir entre dos lenguas o dialectos. Cualquiera que hable más de una lengua sabe que a menudo lo mejor que puedes hacer es intentar replicar el significado, pero que siempre hay algo que se pierde en la traducción, y muchas palabras no tienen un equivalente en otra lengua. Esto no significa que no sea útil hacer la traducción, solo que tenemos que estar conscientes de esta limitación y poder así ajustar nuestra escucha para un mejor comprensión. *Schadenfreude*, palabra en alemán, no tiene traducción directa o definición en español, pero significa algo como "placer derivado de la desgracia de otros". Nuestro objetivo con las emociones es acordar una interpretación compartida.

Las diferencias de interpretación ocurren aún dentro de una misma lengua. Por ejemplo, cuando escuchas la palabra "casa", tienes una idea de qué es, pero, cuando comienzas a explicarla en detalle, la casa que imaginas será distinta de la casa que yo imagino. Ambas son casas, pero las vemos y las describimos de modos distintos. Cuanto más intentemos definir una casa, más diferencias encontraremos, pero probablemente podamos descubrir una interpretación en la que estemos de acuerdo. Para construir una interpretación es útil investigar la etimología de la emoción. Puede haber una tonalidad del significado original o una construcción que nos ayude a entender la razón por la que la emoción fue nombrada así en un comienzo. El lenguaje es creado sobre la base de una *necesidad*, lo que significa que, cuando enfrentamos una situación o experiencia y no tenemos una palabra para asignársela, inventamos una. Generalmente esa que inventamos estará basada en nuestra observación de la actividad humana o en nuestra creencia acerca del origen de dicha actividad. Tal es el caso con los nombres que los humanos le han asignado a la mayoría de las emociones. Esta búsqueda etimológica puede ser muy rica y puede expandir enormemente la profundidad de nuestra comprensión emocional.

El elemento más importante para conocer tus emociones es enfocarte en tu propia comprensión e interpretación. Si puedes entender cuál es para ti la historia subyacente a la *tristeza*, entonces la *tristeza* es una emoción que te será útil aun cuando las palabras que uses para describirla sean algo distintas a las palabras que otros usan.

Cada emoción o estado de ánimo nos predispone a una acción específica

En cada emoción o estado de ánimo, nuestro cuerpo *se inclina* a reaccionar de un modo específico. Eso no significa necesariamente que actuaremos de ese manera, sino que las emociones nos harán querer reaccionar de una forma particular. Esto incluye lo que queramos decir, dado que hablar es una función corporal. Por ejemplo, la alegría nos predispone a celebrar; la ternura nos hace querer abrazar; y la rabia, si se sale con la suya, nos hará castigar a alguien o algo. No siempre actuamos según la predisposición, pero está ahí y nos ayuda a identificar la emoción, y será modificada según convenciones sociales y hábitos personales.

La rabia nos predispone a *castigar la fuente de la injusticia percibida*. Es importante entender que nos inclina a hacer eso, pero no nos fuerza a tomar esa acción. Si vemos a alguien patear a un perro sin razón alguna, quizás sintamos rabia y tengamos el deseo de pegar o castigar a la persona de algún modo. Los estándares sociales pueden frenar el accionar, pero

Capítulo 2: Una nueva interpretación

el hecho de que tengamos la necesidad de castigar nos dice que estamos sintiendo la emoción de la *rabia*, la *ansiedad* a preocuparnos y la *ambición* a aprovechar las oportunidades que vemos a nuestro alrededor.

Aquí podemos ver la divergencia entre nuestra constitución ontológica y nuestra constitución cultural. Lo que experimentamos como predisposiciones nos dice sobre la experiencia que estamos teniendo como seres humanos, pero eso no significa que necesitemos actuar así. La cultura, incluyendo la historia personal, nos dice cuál es el comportamiento apropiado cuando estamos sintiendo esa emoción particular. Ser capaces de separar esto es importante para entender lo que podemos llamar emociones en su estado puro. Luego, esa información pasa a formar parte de la interacción cultural.

El siguiente modelo ilustra varios niveles de identificación que usamos. Cada uno tiene atributos individuales que empleamos como identificadores. Juan tiene cabello castaño oscuro, Linda tiene ojos azules, él es hábil para las manualidades, ella es rápida para entender, etc. A veces usamos el nivel cultural como identificador al decir que alguien proviene de determinado país, posee raíces étnicas particulares, o que hace determinado tipo de trabajo. Los identificadores culturales nos permiten reconocer a qué grupos una persona pertenece, ya sea por decisión o no. El nivel humano u ontológico es el que más interesa a este libro. Como hemos comentado anteriormente, todo humano duerme, come y respira. Estas funciones son parte de ser humano y, aunque tengamos opción en cuanto a cuándo o cómo hacer estas cosas, no tenemos opción en cuanto a hacerlas o no. Las emociones son parte de ser humano del mismo modo. Cómo las expresamos (o no) y de qué maneras depende mucho del individuo y de los niveles culturales, pero tener emociones es un aspecto del nivel humano/ontológico de nuestro ser.

- Personal
- Cultural
- Humano (Ontológico)

Cada emoción está conectada con una historia o narrativa de una manera cocreativa

En otras palabras, las emociones existen para brindar información sobre nuestras interacciones con el mundo. Cuando siento ambición, también estoy viviendo la historia de que "hay posibilidades para mí en la vida, y voy tras ellas". Cuando estoy en la historia de que algo "no es justo" o "esto debería ser diferente", se presenta el resentimiento. Las emociones no son aleatorias o imprecisas, sino que nos traen información muy específica y útil si sabemos cómo decodificarlas.

En la interpretación ontológica, las emociones y las historias (o los pensamientos) son cocreativos. Si comienzas a pensar sobre un momento en el que alguien *traicionó* tu *confianza*, notarás que genera la emoción de la rabia y quizás la sientas crecer en tu cuerpo. En este momento no está sucediendo

Capítulo 2: Una nueva interpretación

nada que te pueda provocar *rabia,* excepto tus recuerdos sobre el incidente que piensas que fue injusto. Si consideramos este ejemplo, podemos concluir que las emociones son generadas por recuerdos/pensamientos. Sin embargo, también ocurre a la inversa. Alguien rompe su promesa contigo y se te dispara *la rabia.* Al momento de identificar la rabia quizás no poseas las palabras para describir por qué estás sintiendo esa emoción. Puedes describir tus acciones como una injusticia. En este caso, parece que la emoción generó el lenguaje que usas para describir lo que sucedió. Desde una perspectiva práctica, es suficiente mostrar que hay una relación cocreativa entre la emoción y el lenguaje. Desde la experiencia quizás no podamos decir cuál de las dos lleva la delantera, pero sí sabemos que están alineadas consistentemente.

Resulta que cada emoción tiene una relación con una historia muy específica. Por "historia" no nos referimos a tu situación particular, sino a una historia subyacente que es consistente. A estas creencias a veces las llamamos perspectiva o evaluaciones. Por ejemplo, la *tristeza* siempre está conectada con "perder algo que te importa". No es simplemente "perder algo" porque, si no te importara, no te sentirías triste. La *tristeza* es siempre la historia de "perder algo que te importa". Recuerda que estamos interpretando desde el dominio de las emociones hacia el del lenguaje, es decir, expresamos en el lenguaje lo que sentimos y puede que la llames de un modo distinto, pero la *tristeza* siempre incluye estos dos elementos.

La *frustración* es la historia de que "lo que estoy intentando y ya debería haber sucedido". La *confianza* es la historia de que "no me estoy arriesgando demasiado si interactúo con esta persona". El *miedo* es la historia de que "algo específico en el futuro puede causarme daño a mí o a alguien que quiero". Continuaríamos con los cientos de emociones que nos están disponibles como seres humanos. Puedes encontrar la historia subyacente de muchas emociones en el Capítulo 10 de este libro.

EMOCIONES: UN REGALO POR ABRIR

El valor de ser capaz de escuchar la historia de una emoción de este modo puede ser extraordinario. Simplemente escuchando a alguien hablar puedes interpretar qué emoción está provocando su conversación. Eso te permite hacer preguntas que pueden ayudar a ambos a entender qué están sintiendo. Por ejemplo, si tu hijo o hija te dice que "siente rabia contigo porque no lo dejas subirse al auto de su amigo que acaba de recibir su licencia de conducir", enseguida puedes escuchar *rabia* o *frustración*. La rabia sería que ellos crean que es injusto que no lo puedan hacer, y en la frustración sería "si mi amigo tiene la licencia yo debería poder subir a su auto" la historia es que "esto debería haber sucedido ya". También puedes saber que tu elección está basada en una valoración baja de *confianza* (que permitirles hacerlo sería riesgoso en tu valoración). Saber estas cosas te permite una conversación más productiva que simplemente discutir o defender puntos de vista. Este conocimiento da lugar a una conversación real sobre cuidado, responsabilidad, construcción de *confianza* y cómo los dos son observadores diferentes de la misma situación.

Un ejemplo relacionado al trabajo sería que alguien de tu equipo no esté comprometido con sus tareas. Muchas emociones pueden caber en ese comportamiento. Puede ser *aburrimiento* ("no hay nada valioso aquí para mí"), *preocupación* ("es más importante que mi atención esté en otro lugar"), e inclusive *resignación* ("nada de lo que haga marcará la diferencia así que para qué intentarlo"). El modo de reducir la cantidad de posibilidades emocionales es escuchar la historia de la persona. Si es consistente con uno de los tres ejemplos, sabrás; si no, debes buscar la emoción que es consistente con su historia.

No es necesario que la historia que está generando la emoción sea verdadera. Si creo que alguien me ha traicionado, sentiré rabia sin importar que lo hayan hecho o no. Si creo que he perdido algo que me importa, sentiré *tristeza*, y si el objeto aparece repentinamente, la *tristeza* desaparecerá y sentiré *felicidad* o *alegría*.

Capítulo 2: Una nueva interpretación

Las emociones y los estados de ánimo tienen una orientación temporal

Algunas emociones se relacionan con o se enfocan en el pasado, algunas en el presente, y algunas en el futuro. En algunos casos, la diferencia entre dos emociones se trata de esto. El *arrepentimiento* es la creencia de que la vida sería mejor si hubiera tomado otra decisión en el pasado. La *incertidumbre* es la historia de que tome una decisión que me lleve a un futuro que no me gusta. La *paz*, la *serenidad* y la *felicidad* están relacionadas al momento presente. Ser conscientes de esta orientación temporal nos puede ayudar a saber si estamos viviendo en el presente o si nos enfocamos más al pasado o al futuro.

Imagina un candidato político que habla sobre cuán bien funcionaba todo "en los viejos tiempos". El solo escuchar la emoción debajo de esa frase te dice que él o ella está conectado/a con la *nostalgia*, y que sus esfuerzos intentarán llevarnos a un modo de vida que sucedió en el pasado. Si el candidato habla de *esperanza*, él o ella está mirando hacia el futuro y su energía estará puesta en crear algo nuevo que considere será mejor que el presente (o pasado). Y si ese candidato dijo que las cosas están bien como están y que no necesitamos cambiar nada, quizás escuches *complacencia*. Líderes de todo tipo intentan enfocarse en el pasado o en el presente, por lo que ofrecen un cambio. La pregunta principal es qué tipo de cambio. Uno no es necesariamente mejor que el otro, pero el estado de ánimo que estemos atravesando define qué es posible. La *resignación* trata sobre el futuro y está basada en experiencias pasadas. El *resentimiento* viene de la creencia de que algo del pasado fue injusto. La *sorpresa* se relaciona a experiencias del presente, como también el *asombro* y la *curiosidad*.

Las emociones no son buenas o malas

Como hemos mencionado anteriormente, cualquier emoción en particular permite ciertas acciones e interacciones y no otras. Por ejemplo, la confianza nos permite coordinar acciones con otros. La falta de confianza nos previene de coordinar acciones, o lo dificulta. Ambas tienen su lugar. Un nivel alto de confianza nos permite construir equipos efectivos y tener relaciones confiables. Sin embargo, si alguien no tiene en cuenta nuestros mejores intereses y percibimos que no son sinceros, no confiar y no coordinar acciones con ellos es prudente. La resignación nos saca del compromiso y, a veces, puede ser lo que necesitamos para sanar o descansar. No obstante, la resignación perpetua (el estado de resignación) no nos deja interactuar con aquello que más deseamos. Al etiquetar las emociones como buenas o malas, cortamos el acceso a las que consideramos malas, con lo cual estaríamos desperdiciando su potencial valor y apoyo.

Esta idea puede ser muy desafiante porque la interpretación actual de las emociones está profundamente arraigada. Es muy fácil para nosotros dividir una lista de emociones en "malas" o "buenas". Tendemos a pensar que el *amor, compromiso, felicidad, paz* y *entusiasmo* son "buenas" emociones, y que la *tristeza, rabia, envidia, frustración* y *celos* son "malas". La consecuencia desafortunada de pensar en las emociones de este modo es que nos esforzamos por sentir más de las "buenas" y menos de las "malas". Y a veces lo llevamos a un nivel más alto y le atribuimos una cualidad moral a determinadas emociones. Por ejemplo, creemos que la *pereza* no es simplemente una emoción "mala", sino que además pensamos que está "mal". De este modo, estamos condenando a cualquiera que creamos que es *holgazán* y pensamos que es una persona mala o inferior. Hacemos esto con toda una variedad de

Capítulo 2: Una nueva interpretación

emociones, entre ellas la *arrogancia, la rabia, desesperación, codicia, envidia, cinismo, resignación* y el *deseo*. De la misma manera, a veces creemos que la gente es moralmente superior cuando demuestran emociones "buenas" como *ambición, entusiasmo, alegría, felicidad* y *amor*.

En este mismo orden de ideas, si consideras el *entusiasmo*, puedes imaginar su valor para generar posibilidades y explorar nuevas formas, lo cual puede ser de un valor enorme. Pero, ¿qué pasaría si alguien solo pudiera sentir *entusiasmo*? ¿Qué no serían capaces de hacer? Descansar, escuchar o disfrutar el momento no les sería posible. La rabia es una emoción temida por muchos porque ha sido fuente de daño en algún momento de sus vidas. Pero, ¿cuál es el valor de la rabia? Nos dice qué creemos que es justo y qué es injusto; por lo tanto, si no pudiéramos *sentir rabia*, no conoceríamos esa parte de nosotros mismos. Entonces la pregunta fundamental sobre una emoción no es si es buena o es mala, sino si nos sirve o no. Las emociones existen para servirnos y no al revés.

Los estados de ánimo y las emociones no son "químicamente" puros

A menudo sentimos muchas emociones o combinación de estados de ánimo y emociones en un momento particular. Estas pueden ser de naturaleza similar pero también pueden parecer paradójicas, como cuando sentimos una relación *amor-odio* o cuando nos sentimos *felices* por el éxito de otro pero también *celosos*. Una no contradice a la otra. Ambas nos dicen algo sobre cómo vemos la relación.

La idea de ver a las emociones de manera individual y separada es, en un sentido, didáctico porque no es como viven dentro de nosotros. No es raro que sintamos más de una emoción al mismo tiempo. Por ejemplo, podemos sentir *ansiedad* y *duda* en los momentos previos a una presentación. La *ansiedad* tiene un mensaje y función, y la *duda* tiene otro. Podemos sentir una con más intensidad que la otra, pero ambas tienen el rol de informarnos sobre nuestra experiencia. También podemos sentir emociones aparentemente contradictorias, como estar *felices* por el casamiento de un amigo y *envidia* porque él o ella tengan algo que nosotros no tenemos y deseamos tener. Nos puede *gustar* alguien pero *no confiar* en él o ella, e inclusive tener una relación *amor-odio*. ¿Qué pasaría si fuera posible honrar todas nuestras emociones, escuchar sus mensajes individualmente y luego considerar cómo responder? No es necesario negar emociones que parecen ser ilógicas o paradójicas, ya que al escucharlas, quizás obtengamos descubrimientos importantes.

Lo mismo podría ser dicho de la relación entre estados de ánimos y emociones. Puede que vivamos en un estado de posibilidad o *ambición*, pero que también sintamos *desesperación* a veces. De nuevo, nos están diciendo cosas diferentes y nos invitan a contemplar nuestra relación completa con el mundo, no solo una parte.

Cada emoción cuida una preocupación humana específica

A menudo pensamos que las emociones no tienen una finalidad o que existen para hacernos sentir incómodos. Nosotros no estamos de acuerdo y creemos que cada emoción se desarrolló para cuidar una preocupación humana específica. Cada emoción tiene su propósito. La *lealtad* cuida los grupos a los que pertenecemos. La *culpa* cuida nuestra identidad privada. La rabia nos dice qué cosas consideramos injutas y nos da la posibilidad de corregirlas. Podemos decir que este es el *propósito* de sentir la emoción, y cada emoción nos cuida de un modo diferente. La *tristeza* tiene el propósito de informarnos qué nos importa en la vida. La *alegría* nos señala que vemos algo en la vida que merece ser celebrado. El *orgullo* me dice que hice algo que creo que es bueno y que quiero compartirlo con otros. En el último capítulo de este libro presentamos un listado de 250 emociones, las cuales incluyen el propósito de cada una. Las emociones no son frívolas o azarosas. Ellas existen por un motivo concreto y tienen un rol fundamental en el cuidado de nosotros.

No somos nuestras emociones

Sentimos nuestras emociones, pero no nos definen. Así como nuestros pensamientos son algo que podemos considerar y elegir no abrazar o creer, nuestras emociones nos ofrecen comprensión del mundo que nos rodea y, por lo tanto, poseen una fuente fundamental de conocimiento. Hay una diferencia entre "tener una emoción" y "que una emoción nos tenga a nosotros".

Uno de los puntos más finos de las emociones y estados de ánimo es que, más allá de ser algo que sentimos continuamente, ellas no son "nosotros". Cuando no podemos distinguir entre nuestra estructura de coherencia interna o nuestro "ser" y la energía de nuestras emociones, puede que las confundamos. Es importante separarlas porque nos permite dar un paso atrás, observar y reflexionar sobre nuestras emociones en vez de dejar que nos atrapen. Entender esta diferencia nos da la posibilidad de elegir entre *reaccionar* y *responder*. *Reaccionamos* cuando nuestra predisposición sucede más rápido de lo que pensamos. Ha sido demostrado que nuestro tiempo de reacción emocional es más corto que nuestro tiempo de respuesta intelectual. No obstante, es posible entrenarnos para hacer espacio entre sentir un evento y reaccionar, e inclusive aprender una reacción distinta a la original. Este es un trabajo al que los atletas se enfrentan constantemente para mejorar su desempeño físico.

Trabajar en la capacidad de respuesta en vez de simplemente reaccionar puede ser muy valioso, dado que la reacción tal vez no sea el modo más efectivo de resolver la situación que estés enfrentando. Imagina que sientes rabia porque crees que alguien te ha hecho algo injusto. Quizás no recibiste un incremento de sueldo cuando todas las señales indicaban que así sería. La rabia te predispondrá a castigar a la fuente de la injusticia; en este caso probablemente sea tu jefe. Quizás le digas algo dañino, puedes volverte hosco o puede que comiences a decir cosas negativas de tu jefe a tus colegas. Sin embargo, ninguna de estas acciones corregirá la injusticia. El modo efectivo de enfrentar la injusticia percibida es buscar la comprensión. "¿Es verdad que no tendré un aumento de sueldo? ¿Cuál es el contexto de esa decisión? ¿Hubo algo en mi desempeño que no garantizó el incremento? ¿En qué estaban basadas mis expectativas? ¿Hubo una promesa incumplida?". Hacernos estas preguntas una respuesta para la injusticia. Quizás la solución sea cambiar de trabajo, cambiar de jefe, trabajar más duro, solicitar retroalimentación honesta o aprender a evitar construir tantas expectativas. Todas estas opciones probablemente sean más efectivas que castigar a tu jefe, pero solo pueden ser llevadas a cabo a través de la práctica de elegir tu respuesta antes que reaccionar.

Las emociones se desencadenan; los estados de ánimo no

La diferencia ontológica que establecemos entre estados de ánimo y emociones es que las emociones son desencadenadas por un evento, mientras que

Capítulo 2: Una nueva interpretación

los estados de ánimo son energías penetrantes que lo impregnan todo. Esto significa que las emociones son provocadas por una experiencia, mientras que los estados de ánimo dan forma a la experiencia que estamos atravesando. Si uno vive en el estado de ánimo del miedo, verá el mundo como un lugar lleno de peligros, y esto moldeará el comportamiento. Si el estado de ánimo es de resentimiento, uno verá los eventos que le suceden como injustos, porque este es el lente a través del cual evaluamos nuestra experiencia. Dicho de otra manera: los estados de ánimo existen antes que la experiencia; las emociones siguen a la experiencia.

Las emociones son reacciones a una experiencia. Son disparadas por algo, ya sea un pensamiento, un encuentro, algo que ves o algo que alguien te dijo. Tú generas una historia de ese disparador, y esa historia provocará su emoción. Esta interpretación no apoya la idea de que otros "nos causan" ciertas emociones. Así que cuando decimos "me hizo dar rabia", es una representación pobre del proceso y, de hecho, nos dificulta la comprensión de lo que está sucediendo dentro nosotros. Parte de volvernos emocionalmente competente es tomar la responsabilidad por nuestras emociones y darnos cuenta de que son nuestras para así entenderlas y navegarlas. Esto puede ser desafiante al comienzo, dado que estamos acostumbrados a culpar a otros por cómo nos sentimos, lo cual es más fácil que asumir la responsabilidad.

Los estados de ánimo no son desencadenados por un evento sino que, de hecho, preceden a las experiencias y le dan forma a nuestro entendimiento e interpretación. Cuando estamos en un estado de *gratitud*, vemos un mundo lleno de regalos. Si la *ambición* es nuestro estado base, veremos un mundo lleno de oportunidades, mientras que en *resignación* no intentaremos actuar, ya que creemos que nada de lo que hagamos marcará la diferencia. Como mencionamos anteriormente, se puede pensar en los estados de ánimo como los lentes a través de los que vemos el mundo, y le dan forma a nuestra interpretación de la experiencia. De este modo se diferencian de las emociones propiamente dichas.

La existencia de las emociones es lógica

Puede parecer paradójico, pero la existencia de las emociones es bastante lógica. Si entendemos el propósito de nuestra habilidad cognitiva como una recolección y clasificación de información, es lógico que necesitemos un mecanismo para sopesar el valor de esa información. Este es el papel que tienen las emociones en el modelo ontológico.

Muchos de nosotros crecimos con la idea de que la razón y las emociones son opuestas o que una va contra la otra. La creencia es que no podemos operar lógica y emocionalmente al mismo tiempo, o que una contradice o contrarresta a la otra. En esa interpretación, las emociones no son lógicas o no están conectadas con la razón, y viceversa. Investigaciones recientes han demostrado que nuestras decisiones, elecciones reales, son siempre resultado de las emociones, lo cual corresponde con la interpretación ontológica de las emociones como "la energía que nos mueve". Nuestro intelecto o neocórtex está diseñado para acumular y organizar datos, pero no tiene la capacidad de elegir. Las elecciones son hechas por el *deseo, la molestia, el cuidado o la frustración* y una gran variedad más de otras emociones. La energía de la elección es siempre emocional. Dado que la razón no puede elegir, es lógico que los humanos necesitemos un mecanismo para discernir qué es lo más importante para poder actuar. Ese es el rol de las emociones. Así que es lógico que los humanos hayamos desarrollado emociones y que sean indispensables en todos los aspectos de la vida.

Puede verse una idea paralela en el desarrollo de la inteligencia artificial. Los algoritmos lógicos han sido bien desarrollados y continúan mejorando.

Capítulo 2: Una nueva interpretación

El desafío más grande en esta área de desarrollo es encontrar un modo en el cual el cerebro artificial (neocórtex) pueda discernir el valor de elecciones posibles (precursoras a la acción) que posee. Este, precisamente, es el rol de las emociones en los humanos.

Nuestras emociones son el resultado de cómo estamos hechos más lo que hemos aprendido

El eterno debate "innato o adquirido" es evidente en cuanto a emociones y estados de ánimo. Desde luego que estamos configurados como humanos de un modo biológico particular que nos da la capacidad de sentir emociones, e individualmente, la capacidad de entender cómo las procesamos. Existe un cuerpo de estudio creciente que demuestra cómo aprendemos en el dominio emocional y cómo las emociones son parte del proceso de aprendizaje.

Desde nuestra propia experiencia, es imposible decir que uno es más importante que el otro, o negar uno en favor del otro. Parece que una pregunta más útil es: ¿cuánto de lo que somos está constituido por el modo en que fuimos hechos vs. lo que hemos aprendido? Esto parece variar de un individuo a otro, como sucede con muchos otros atributos humanos. Cada uno de nosotros está "cableado" de un modo particular en términos de estructura nativa o innata. El resto es aprendido, y los dos interactúan constantemente, por lo que las proporciones cambian con el paso del tiempo. Uno siempre puede intentar aprender, y si ocurren pequeños cambios, esto demuestra que aprender es una posibilidad. Incluso, si no hubiera un cambio, uno puede continuar intentándolo mientras haya persistencia y esperanza. Pero si uno no trata de aprender, no será posible descubrir la capacidad de aprender en el dominio emocional.

Para entrar en el aprendizaje emocional, la primera creencia que la mayoría de la gente necesita desafiar es "mi manera de ser es fija". La gente a menudo expresa esto diciendo "yo soy así". Para abrir la posibilidad de aprender, sugerimos cambiar tu discurso a "así es como aprendí a ser". En realidad, nadie puede decir hasta qué punto puedes aprender emocionalmente, pero, con los años, hemos descubierto que se puede aprender muchísimo dentro de este dominio que hasta ahora siempre hemos considerado fijo.

Preocuparse por alguien vs. ocuparse de alguien

La charla que tuve con Dan fue muy útil. Se dio en una recepción mirando las montañas. Estábamos disfrutando nuestra comida y me habló de cuando se enamoró de su novia. Dos cosas que recuerdo son "liderar con el cuerpo" y hacer preguntas simples. "¿Tienes hambre? ¿Tienes frío?". En ese momento comprendí la profunda importancia del cuidado como emoción. Dan siguió comentando como, a veces, nos preocupamos por alguien, pero no lo nota porque no nos ocupamos de él o ella. Esa distinción permaneció conmigo y a menudo me pregunto si estoy demostrando mi preocupación de modo que la otra persona realmente entienda su profundidad. Fue una lección simple, pero marcó la diferencia en mi vida.

—K.R.

Capítulo 3

EL SIGNIFICADO DE LAS EMOCIONES

Lo que nos dicen las emociones

La experiencia en cualquier campo se basa en la habilidad de distinguir y nombrar elementos críticos. Un abogado reconoce distinciones pertinentes a la ley del proceso legal, mientras que un chef reconoce las distinciones sobre comidas, sabores, texturas y procesos de cocción. En el dominio de las emociones, nuestra habilidad para distinguir emociones por su nombre, por sus sensaciones en el cuerpo y por su historia es lo que nos brinda una competencia y pericia en el tema. Llamar *servicio* o *sacrificio* de manera intercambiable a una determinada actividad indica que no estamos siendo claros sobre qué significan y traiciona los límites de nuestro conocimiento emocional. Cuanto más finamente podamos comprender los matices de las distintas emociones, mayor será la inteligencia y competencia emocional a la que tendremos acceso.

Dado que la articulación de las emociones en lenguaje es una forma de traducción, es imposible *definir* las emociones absolutamente. Sin embargo, podemos establecer un significado y encontrar una interpretación que nos permita trabajar de cerca con ellas. Lo más importante a entender lingüísticamente es la interpretación, como señaló Ludwig Wittgenstein en su estudio de la filosofía del lenguaje un siglo atrás. Después de cincuenta años viajando y viviendo en diferentes culturas, podemos decir a través de nuestra experiencia personal y profesional que no hemos encontrado una cultura que no tenga una emoción que se dispare cuando uno siente la experiencia de la injusticia. Esta vivencia parece ser universal. En castellano, el nombre de la emoción que le asignamos a esa respuesta es *rabia*. Puede variar al traducirla a otras lenguas, pero parece que la emoción existe en todas las culturas. Nuestra creencia es que todas las emociones están disponibles para todos los seres humanos en cierto nivel. Quizás su disponibilidad o intensidad difiera entre los individuos debido a variaciones en la biología, pero la mayor variación en nuestra relación con las emociones es lo que hemos aprendido sobre ellas. Parte de la composición de cada cultura es su relación con las emociones. Cada cultura tiene un entendimiento único de qué son las emociones y valora o pone atención en algunas emociones más que en otras, pero aquí estamos nuevamente observando el nivel humano u ontológico de nosotros mismos. Abajo se muestran las emociones que encontramos con más frecuencia en nuestro trabajo. Las mismas han surgido de nuestra propia experiencia y, por lo tanto, están fuertemente influenciadas por la cultura occidental. Una lista con una orientación cultural distinta—indígena, por ejemplo—puede diferir. Una lista más larga está disponible en la sección Recursos al final de este libro:

- **Aburrimiento:** estar *aburrido* transmite el mensaje de que "no hay nada aquí de lo que pueda beneficiarme". No significa que haya algo malo con el libro, la lectura o la relación con la que estoy *aburrida*, como a menudo pensamos. En este sentido, el *aburrimiento* es una emoción sumamente útil como guía para diferenciar aquellas cosas en la vida que son interesantes, cautivadoras y probablemente beneficio-

Capítulo 3: El significado de las emociones

sas, de aquellas que no lo son. Creemos que cosas, situaciones o la gente son *aburridas,* pero, de hecho, el *aburrimiento* se encuentra dentro de nosotros e intenta decirnos algo sobre nosotros mismos. Tenemos una fuerte interpretación moral en la que pensamos que alguien que exprese *aburrimiento* es una mala persona y alguien que siempre está interesado es una buena persona. Si no estás seguro de que esto es así, piensa que solemos ponerles notas más bajas a los alumnos que notamos que están *aburridos* o no conectados en vez de enseñarles el beneficio de escuchar al *aburrimiento* y buscar algo de mayor interés. Un modo útil de escuchar al *aburrimiento* es convertirlo en pregunta. Por ejemplo, si me encuentro *aburrida* de un libro que estoy leyendo, una buena pregunta es si tiene sentido terminarlo. Si es una película, "¿debería pensar en dejarla a la mitad para hacer algo más beneficioso?".

- **Aceptación:** la *aceptación* es una de las emociones menos comprendidas y apreciadas, lo cual es desafortunado dadas sus posibilidades. La creencia predeterminada es que *aceptación* significa "rendirse" o "desistir". A menudo es confundida con la *resignación* y puede ser vista como un signo de debilidad. Ontológicamente, *aceptar* significa "reconocer que es así". Significa que no nos resistimos a lo que sucedió o está sucediendo, y que vemos la vida como es. **No significa** que estamos de acuerdo, nos gusta o respaldamos el estado actual de las cosas. Solo significa que vemos las cosas como son.

    Cuando escuchamos que alguien dice "me da igual", puede que esté expresando aceptación o puede estar sintiendo *resignación*. La *resignación* es la historia de que "nada de lo que haga marcará una diferencia así que, ¿para qué intentarlo?". La confusión se produce porque ambas emociones parecen ser inactivas. La predisposición de las dos es a la calma o inmovilidad, por lo que tenemos que mirar con atención la caída de los hombros (o no), ojos con la mirada baja (o no), o exhalación con tinte de "me doy por vencido" para poder ver la diferencia. El otro camino es investigar lo que la persona está pensando —su "historia"— y esto apuntará a una emoción o a otra.

Es común creer que la *aceptación* es difícil de conseguir y que lleva mucho tiempo alcanzarla. La expresión "llegar a la aceptación" refleja este modo de pensar. Sin embargo, nos es posible declarar la *aceptación*. Cuando nos sentimos exhaustos de repasar una experiencia pasada o irritados por estar atascados, tenemos la oportunidad de decidir terminar con esa emoción o pensamiento. Lingüísticamente, esto se realiza haciendo una declaración, y cuando la persona que hace la declaración tiene autoridad para ello, comienza o termina algo. El cambio no será instantáneo, pero la declaración nos pone en el camino hacia un nuevo modo de pensar y una nueva emoción. Al redeclarar de manera consistente nuestra aceptación de que "es así" o "ya no pensaré más de ese modo", podemos abrir una nueva dirección. Con el paso del tiempo, esta actitud puede generar aceptación o la paz que nos permitirá dejar de resistirnos. El objetivo no es mantenerse por siempre en la aceptación, sino usarla como un trampolín hacia otra emoción como la ambición o el entusiasmo, y no podemos pasarla por alto.

Imagina que te despiertas a mitad de la noche y no puedes volver a dormirte de inmediato. Acostado sin hacer nada, puede que te encuentres peleando contra el hecho de que estás despierto. Puede que pienses en cuán cansado estabas cuando te acostaste y no puedes creer que ahora estés despierto. O quizás comiences a preocuparte por la reunión que tienes en la mañana y tengas miedo de estar cansado al momento de presentar tu parte. Puede que comiences a escuchar la respiración de tu

Capítulo 3: El significado de las emociones

pareja o el ladrido del perro del vecino. El patrón en el que ingresas es resistirte a estar despierto. Es decir, no *aceptas* estar despierto en mitad de la noche. Si decidieras *aceptar* estar despierto, no significaría que te gusta o que quieres estar así, solo "que las cosas son así". Una vez que declaras tu aceptación, puede que comiences a ver alternativas. Puedes pensar en leer un libro, escribir una carta a tu madre o simplemente apreciar la luz de la luna que se filtra por la ventana.

Invertimos mucho tiempo y energía luchando contra lo que es. A veces es importante resistirnos a cómo es la vida, pero a menudo nos resistimos por costumbre y dejamos la reflexión para después. Añadir la *aceptación* a nuestra caja de herramientas de las emociones puede ser un paso significativo.

- **Admiración:** nuestra palabra "admiración" viene de la palabra latina *admiror,* "asombrarse ante." Cuando sentimos *admiración*, significa que nos gustaría hacer las cosas del modo en que otros las hacen. Por ejemplo, cuando comencé en el mundo de la formación, participaba en un taller y tenía un coach maravilloso. Yo pensaba "cuando sea coach, quiero ser como él". Algunas personas interpretan la *admiración* como poner al otro en un pedestal, pero, ontológicamente, llamaríamos a esa emoción *adoración*. La *admiración* no pone a la otra persona sobre mí, sino más bien implica que algo que hace me atrae y me gustaría imitar ese modo de ser. La *admiración* es la emoción que nos dice aquello a lo que aspiramos y estamos motivados a alcanzarlo.

- **Agradecimiento:** estar *agradecido* es reconocer un intercambio de valor. Cuando damos las *gracias* mediante una bendición en la mesa, estamos reconociendo que hemos recibido algo de valor y estamos expresando nuestro aprecio. Si le agradezco al mecánico por arreglar mi coche, estoy diciendo que lo que él hizo por mí y lo que yo hice por él es un intercambio satisfactorio. El agradecimiento es diferente de la gratitud en que este último es el reconocimiento de la vida como un regalo. Agradecimiento significa que creemos que hemos recibido algo de valor equivalente a lo que hemos brindado.

- **Alegría:** la alegría ocurre cuando sentimos algo que es placentero o que nos hace felices. Tiene un sentido de bienestar. La predisposición de la *alegría* es permitir que la experiencia permanezca y apreciarla mientras esté presente.

- **Ambición:** viene de la palabra latina *ambitionem,* que significa "una vuelta", especialmente para pedir votos. Es apropiado, entonces, que a menudo pensemos que los políticos son *ambiciosos*. La ambición me dice que "la vida tiene posibilidades y voy a aprovecharlas", por tanto es una emoción que abre puertas. En la cultura occidental tendemos a tener una relación amor-odio con la *ambición*; la vemos como algo bueno hasta cierto punto, pero también la sentimos desagradable o molesta cuando es el estado de ánimo predominante de una persona. En algunas culturas —la de los Estados Unidos, por ejemplo—la *ambición* es vista de modo positivo, mientras que en otras se considera o se asocia con la agresión.

- **Amor:** probablemente esta sea la emoción sobre la cual más se ha escrito, y hay una gran variedad de interpretaciones acerca de ella. En este libro tomamos la interpretación de que el *amor* existe cuando "aceptamos al otro como un ser humano completamente legítimo". Está fuertemente relacionada con la *dignidad,* el *respeto* y la *gratitud*. El *amor* romántico está representado por aceptar al otro como el regalo

Capítulo 3: El significado de las emociones

que es, sin querer cambiarlo cuando estamos en una relación. Vale la pena distinguir entre que alguien nos guste, que significa que disfrutamos pasar tiempo con esa persona, y el amor. Creemos que podemos *amar* a alguien incluso cuando no *nos gusta* la persona o algo que hace. Esto es lo que le permite a un padre cuidar de sus hijos, aun cuando sean rebeldes, desobedientes o simplemente independientes.

- **Angustia:** el nombre de esta emoción viene directamente de la experiencia somática de la misma. La palabra *angustia* viene del latín y significa "tensarse" o "ahogarse". Cuando la sentimos, casi no podemos respirar. Cuando un ser querido muere o una persona es desplazada de su tierra natal, puede aparecer la *angustia*. La predisposición de la *angustia* es a esforzarse por entender, y nos informa que el mundo tal y como lo conocemos está colapsando. La angustia existe para ayudarnos a movernos hacia un cambio de vida.

- **Anhelo:** el *anhelo* nos informa que estamos separados de una persona o cosa de importancia primordial para nosotros. Nos dice algo sobre nuestros deseos más profundos. A menudo se experimenta como un vacío o dolor en el área del corazón, y nos lleva a hacer todo lo que está a nuestro alcance para acercarnos. El *anhelo* no solo nos avisa de aquello que nos importa sino también de aquello sin lo cual no queremos vivir. Puede ser confundido con el *deseo* e inclusive con el *encaprichamiento*, pero es más profundo que ambos. Quizás la expresión "deseo ardiente" se acerque más a describir al *anhelo* poéticamente.

- **Ansiedad:** nuestra emoción "ansiedad" viene del latín *anxius*, "atento, intranquilo, preocupado", y de *angere, anguere*, "ahogarse, estrujar", figurativamente: "atormentar, causar angustia". La mayoría de nosotros puede entender las sensaciones físicas descritas que sentimos cuando estamos *ansiosos*. La *ansiedad* está conectada con la historia de que algo ahora o en el futuro puede dañarnos, pero no está claro el origen del daño. El "no saber" puede ser una forma de tormento, estrés y preocupación. Se diferencia del *miedo* porque en él podemos saber la fuente del daño. El malestar que sentimos con la *ansiedad* está diseñado para llamar nuestra atención sobre un posible peligro y nos desafía a encontrar la fuente. Esto sucede a través de la preocupación, que es la predisposición de la *ansiedad* y señala su presencia. Un modo de navegar la preocupación y la *ansiedad* es intentar convertirla en *miedo*. Si podemos nombrar la fuente del posible daño, entonces podemos hacer algo al respecto para disminuirlo o eliminarlo, pero primero debemos saber qué tenemos que cambiar. Otra posibilidad puede ser elevar la emoción de *la audacia,* lo que nos permite movernos más allá de la ansiedad y, en esencia, enfrentarla. La *ansiedad* también puede ser el resultado de un desequilibro químico o biológico, en cuyo caso el apoyo y la ayuda vendrían de una fuente médica o terapéutica.

- **Anticipación:** como emoción, la *anticipación* es expresada a través de frases como "estoy ansioso" porque algo suceda. Esto muestra el grado en el que los dos términos pueden ser similares. Sin embargo, *anticipación* significa "hacer algo antes de tiempo" o involucrarse con algo antes de que suceda, mientras que la *ansiedad* es esperar algo que desconocemos. Un ejemplo de *anticipación* sería cuando una compañía fabricante cambia a máquinas más modernas, se ocupa de todos los detalles para la implementación y está a la espera de los resultados, asumiendo que serán positivos. La *ansiedad* sería la creencia de que, en esa situación, "algo probablemente irá mal".

Capítulo 3: El significado de las emociones

- **Apatía:** en la *apatía* la historia es que "simplemente no me importa". Literalmente significa que "no tengo emociones o sentimientos" pero, irónicamente, es una emoción en sí misma. En la *apatía*, nuestra predisposición es "no hacer nada" o dejar la acción para otros. La inmovilidad y la falta de compromiso son modos en que se manifiesta. La *apatía* difiere del *aburrimiento* en que este último nos puede llevar a buscar actividades en las que encontremos un valor y no estar inmóviles. De todas las otras emociones, probablemente sea la más cercana a la *resignación*, en la que creemos que nada hará la diferencia. En la *apatía* no se trata de que creamos que no podemos hacer una diferencia sino que no nos interesa hacerla. La apatía es una emoción que se ve comúnmente dentro de las organizaciones, por lo que son lugares donde tomar decisiones, generar resultados y ser proactivo son altamente valorados. Cuando alguien está en la emoción de la apatía, es muy evidente para todos, porque percibimos un vacío de acción no alineado con los objetivos de la organización.

- **Aprecio:** "estimar o valorar mucho", del latín *appretiatus*, "ponerle precio a algo". La emoción del *aprecio* nos permite *disfrutar* el valor de una persona u objeto. No tiene una acción física específica asociada, aunque a menudo recurramos al lenguaje para expresar la emoción. Al igual que con la *admiración*, la *tristeza* y otras emociones, el *aprecio* nos dice qué valoramos en la vida. El *aprecio* requiere una mirada más allá de nosotros para ver a los otros. Para que eso suceda, debemos saber cómo interpretamos al valor en nuestro contexto o relación. El aspecto más importante de esta emoción es que hace que los otros sepan que los tenemos en cuenta, que los valoramos y que creemos que están haciendo algo valioso. Eso, en sí mismo, es un motivador tremendo para mucha gente.

- **Arrepentimiento:** el *arrepentimiento* es una emoción que parece ser sobre el pasado, pero puede ser considerada como una guía para el futuro. La historia que estamos viviendo cuando sentimos *arrepentimiento* es que "la vida sería mejor si hubiera hecho o no hubiera hecho tal cosa". Esa historia presupone algo que no podemos saber. Podría ser verdad, pero la vida también podría haberse tornado peor. Algo a considerar es que a veces decimos que "deberíamos haber tomado otra decisión" pero, luego de examinarlo, podemos ver que dado cómo vimos el mundo y entendimos nuestras opciones al momento de decidir, no podríamos haberlo hecho de otro modo, lo que significa que nuestro arrepentimiento generalmente no tiene fundamento. Eso no significa que no tenga valor; simplemente necesitamos ver más en profundidad de qué preocupación se encarga el *arrepentimiento*. ¿Qué propósito tiene para nosotros? Una posibilidad es que el *arrepentimiento* intente guiarnos en decisiones futuras. Si nos *arrepentimos* de no haber llamado a un amigo cuando este nos necesitaba, quizás la emoción nos esté invitando a ser más atentos en el futuro. Si *nos arrepentimos* de haber gastado dinero de una manera particular, nos invita a ver cómo tomamos esas decisiones. Entonces, el propósito del *arrepentimiento*, lejos de simplemente hacernos sentir "mal", es mejorar nuestra conciencia y sabiduría.

- **Arrogancia:** ¿qué tienen algunas personas que hacen que pensemos en ellos como arrogantes? Una gran pista proviene de la etimología latina *arrogantia*: "autoritario, insolente". Si echamos un vistazo a las definiciones de estas dos palabras —*insolente* es "tener indiferencia altanera hacia otros" y *autoritario* significa "el peso de la fuerza física"—, obtenemos una idea visceral sobre la emoción. Aquellos que se encuentran en la emoción o estado de ánimo de la *arrogancia* piensan que están por encima de los

Capítulo 3: El significado de las emociones

otros, en un nivel celestial, y que tienen el derecho de poner el peso sobre los hombros de los otros. Su historia es que son superiores y de mayor importancia. La disposición de la *arrogancia* puede verse a través de la condescendencia verbal hacia otros, pero también puede verse en cómo la gente se comporta. La expresión "mirar por encima del hombro" describe la disposición física de la *arrogancia*. Entonces, ¿cuál es el propósito de la *arrogancia* en los seres humanos? (porque si no tuviera un propósito, no la habríamos inventado). La *arrogancia* es útil como emoción ya que nos permite conseguir cosas que no podríamos obtener de otro modo. Si nos comportamos como si fuéramos superiores, más inteligentes o con mejor moral que la otra persona, es un modo de ganar ventaja siempre que el otro piense igual. En cierto sentido, la *arrogancia* es similar a la *rectitud* en acción. Ambas se basan en una historia de que "yo sé más", pero la arrogancia tiene el elemento añadido de que "esto me hace una mejor persona que otros".

- **Audacia:** la *audacia* nos permite realizar las acciones requeridas para confrontar una situación que tememos o nos da pavor. Uno puede ser *valiente* pero no hacer aquello que la *audacia* permite. Mientras que la palabra *coraje* viene del latín ("corazón"), el equivalente es *audacia*. Puede que haya una pequeña diferencia, ya que el *coraje* es "tener el corazón" o la fuerza para enfrentar aquello que nos atemoriza, y la *audacia* nos permite usar esa fuerza para transformarla en acción.

- **Bochorno (embarazoso):** significado literal: "bloquear". En la *emoción del bochorno,* nuestra predisposición es a escondernos de otros por algo que sentimos que no hemos hecho bien o directamente no debimos haber hecho en absoluto. En este sentido, puede ser vista como el opuesto del *orgullo*. Esto no significa que sea moralmente mala, pero es algo que preferiríamos mantener en privado. El *bochorno* contiene un aspecto de autocrítica, ya que creemos que "no deberíamos estar haciendo algo" o que "deberíamos" ser capaces de hacer algo mejor de lo que lo estamos haciendo. Si nos *abochorna*, hablar en un idioma extranjero o tocar el piano en público, es porque nuestras expectativas son más altas que nuestras competencias. Pueden tener que ver las expectativas de otros también, pero principalmente tiene que ver con nosotros. Algo que el *bochorno* nos demuestra es aquellas cosas en las que pretendemos mejorar.

- **Calma:** *cauma* en latín se refiere al calor del sol del mediodía, cuando todo está tranquilo. Este significado está muy relacionado al que empleamos hoy en día más allá de que, por supuesto, es una emoción que puede aparecer en otros momentos y otras situaciones. Su origen facilita ver que, cuando estamos en un momento de *calma*, lo más natural es descansar. Y, dada la naturaleza cocreativa de las historias y las emociones, uno puede elegir esta emoción cuando necesita quietud y descanso.

- **Celebración:** del latín *celebrare*, "reunirse para honrar", también "publicar; cantar alabanzas de; practicar a menudo". En la emoción de *celebración*, nos inclinamos a reunir un grupo para elogiar o felicitar algo o a alguien. Podemos *celebrar* a un atleta, la cosecha o un invento nuevo. *Celebramos* cumpleaños, aniversarios, bodas. Usualmente no *celebramos* algo como el divorcio porque no lo consideramos honorable; si fuese así, lo celebraríamos. Cuando organizamos un velatorio, no estamos *celebrando* la muerte sino que nos juntamos a honrar a la persona fallecida.

Capítulo 3: El significado de las emociones

- **Celos:** los *celos* pueden ser vistos como el miedo a perder algo que nos importa, aunque muchas veces no es "algo" sino "alguien". Dado que solo podemos perder posesión de algo que poseemos, la ilusión subyacente de la mayoría de los *celos* es que ese "alguien me pertenece". En ese caso, mi reacción será intentar "controlar" aquello que tengo miedo de perder. Los resultados de esta interpretación son innumerables y su forma más intensa lleva a la idea de que "si no puedo tenerlo/la, entonces nadie podrá".

    Sin embargo, podemos escuchar a los *celos* de otro modo. Podemos escuchar su mensaje, que es que hay algo o alguien que nos interesa mucho y puede ser un recordatorio para considerar si estamos cuidando la relación. ¿Entiende esa persona el valor que tiene para nosotros? ¿Estamos haciendo un esfuerzo para que la relación funcione como verdaderamente queremos? Si comprendemos que, en realidad, nada ni nadie nos pertenece, veremos que no tenemos ningún tipo de poder ni control para obligar a nadie, y que la única opción es ser tan atractivos como nos sea posible. Los *celos* son una de las emociones en las que *responder* suele ser más efectivo que *reaccionar*.

- **Cinismo:** el *cinismo* es casi siempre visto como una emoción "negativa" y algo que debemos evitar. A veces es considerado una emoción de los adultos mayores que están hastiados, o una persona que ha sufrido muchas decepciones en la vida. La raíz de *cinismo* tiene una historia propia. Se cree que sus raíces provienen de la comunidad filosófica de la antigua Grecia. La palabra raíz del griego, *kynikos,* significaba "seguidor de Antístenes"; literalmente "perruno". Supuestamente esto surgió del sarcasmo burlón de sus seguidores, pero es más probable que provenga de *Kynosarge,* "Perro gris", el nombre del gimnasio que se encontraba en las afueras de la Atenas antigua (para el uso de aquellos que no eran atenienses puros), donde el fundador, Antístenes, pupilo de Sócrates, pensaba. Ya sea que la fuente sea "burla perruna" o no, esta es la expresión facial que asociamos al *cinismo*.

Podemos pensar al *cinismo* como la desconfianza hacia las buenas intenciones aparentes de otros. Por esto, siempre estará del lado opuesto de emociones como el *entusiasmo* o la *ambición*. Más allá de la desconfianza, el *cinismo* nos mueve a "reclutar a otros que piensan igual". Alguien que hable desde esta emoción menospreciará a otros, tildándolos de ingenuos o ciegos. Una cualidad única del *cinismo* es su poder permanente. Mientras que el *cínico* pueda encontrar o crear oposición, se sentirá poderoso. Esto significa que no hay un argumento racional que pueda persuadir o influenciar a una persona *cínica*, porque eso significaría que tienen que dejar su poder. Bajo esa resistencia encontramos un miedo profundo a ser irrelevantes o poco importantes.

El cinismo no debe ser confundido con el *escepticismo*, que existe para distinguir lo que creemos de lo que no creemos. En el *cinismo,* ya estamos fuertemente convencidos de que aquello en lo que creemos es "realista" o "posible" y no estamos dispuestos a considerar cambiar nuestro pensamiento. El *cinismo* desafía la excitación o la *ingenuidad* sin fundamento, aunque puede ser duro en su lenguaje y métodos.

- **Codicia:** el término viene del raiz que significa estar "hambriento" o "voraz". Como emoción, puede ser entendida como la condición de hambre permanente y, por lo tanto, continuaremos comiendo lo necesitemos o no. Entonces, la predisposición de la *codicia* es simplemente tomar todo lo que puedo. La emoción que le da equilibrio es la *satisfacción*, a través de la cual reconocemos que "tengo suficiente".

Capítulo 3: El significado de las emociones

Un modo de navegar la *codicia* es declarar "condiciones de satisfacción". Es decir, ¿qué condiciones existirían que me permitan decir que tuve suficiente?. La *codicia* es una emoción que nos permite recolectar cosechas y almacenarlas, aun cuando actualmente no necesitemos la comida (aunque la *prudencia* también puede motivarnos a hacerlo). Nos permite pensar en preservar comida o crear seguridad financiera para nuestro retiro; sin embargo, su sombra es que no tiene nada que la limite a menos que hayamos desarrollado emociones complementarias.

- **Compasión:** la emoción de la *compasión* suele confundirse con *empatía*, *simpatía* o *lástima*. Lo que es único sobre la compasión es que, si tomamos el significado literal, quiere decir "estar con otro en su dolor". Es la habilidad para estar al lado de alguien que está sufriendo. En esta interpretación, no se requiere ninguna otra acción. No necesitamos ayudar a alguien como cuando sentimos *pena*, e inclusive quizás no podamos sentir lo que está sintiendo como en la *empatía*. La predisposición de la *compasión* es la presencia. Puede parecer pasivo pero, de hecho, las personas que experimentan profunda *compasión* de otro ser humano encuentran algo en el camino que les hace ver sus problemas de otro modo.

    La compasión es la emoción que nos conecta con otros y pone en relieve nuestra vulnerabilidad y dependencia de otros seres humanos. La compasión nos hace pensar que lo que le sucede al otro en este momento podría pasarnos en el futuro. La compasión es la emoción que demuestra que somos inequívocamente "interdependientes", aunque no queramos verlo así.

- **Compromiso:** el *compromiso* es la emoción que nos hace actuar de acuerdo a nuestras promesas, poniendo todo nuestro ser —cuerpo, lenguaje y emoción— en la tarea. El *compromiso* se demuestra a través de acciones más que de palabras. Sin embargo, lo iniciamos mediante una promesa. Muchas personas asumen que todos sabemos innatamente cómo ser o estar comprometidos con una relación o una actividad, pero el *compromiso* es una habilidad que debe ser aprendida, practicada y desarrollada. Una gran parte de los años de transición en nuestra adolescencia son invertidos en aprender esta habilidad. Por ejemplo, un adolescente puede querer tener notas más altas y puede ser lo suficientemente inteligente para hacerlo, pero si él o ella no es capaz de estar comprometido con lo que implica estudiar, las buenas notas no llegarán. Del mismo modo sucede en situaciones de trabajo en la que los empleados desean hacer un buen trabajo pero no tienen la capacidad emocional que los compromete con las acciones necesarias. Un ejemplo es alguien que dice "dejaré de fumar". Después de un tiempo, le preguntamos qué ha hecho para dejar de fumar y dice "nada, todavía fumo". Probablemente pensemos que esta persona no está comprometida; sin embargo, ontológicamente diríamos que esa persona está más comprometida con fumar que con dejar de fumar. Aquí es donde es importante entender que el aprendizaje profundo y sostenible sucede de modo cognitivo, emocional y somático. Si el cambio se declara solo con palabras —piensa en las resoluciones al comenzar el año— no ocurrirá porque no ha habido un cambio en los dominios emocional y somático. Generalmente la gente no lo sabe y a menudo falla al pensar que aquello con lo que están comprometidos es lo que les impide cambiar. Cuando nos comprometemos a algo, estamos eligiendo libremente enfocarnos en ese algo y no en otra cosa. Siempre estamos comprometidos con algo dado que nuestras acciones no son mecánicas, entonces, una pregunta importante es dónde tenemos nuestros mayores compromisos. El compromiso implica atención + energía.

Capítulo 3: El significado de las emociones

- **Confianza:** ontológicamente, la confianza es la emoción que nos permite coordinar acciones con otros. Tradicionalmente hemos entendido a la confianza desde una perspectiva "moral", relacionándola a nuestra "bondad" o "maldad" como seres humanos. Aunque eres libre de emplear esta interpretación, es más útil pensar en la *confianza* como una "herramienta de evaluación de riesgo" basada en la *sinceridad*, la *competencia* y la *fiabilidad*. Cuando creemos que no hay riesgos excesivos basados en estas dimensiones de la otra persona, interactuaremos con ellas. Si, de acuerdo a nuestro estándar, sentimos que hay un riesgo excesivo, no interactuaremos con ellos y lo explicaremos diciendo que no *confiamos* en ellos.

   La *confianza* no se trata solo del otro. Contamos con una autoevaluación de la *confianza* y evaluamos grupos, sistemas, procesos y tecnologías en términos de confianza. Cuando existe suficiente *confianza*, estamos dispuestos a interactuar con otros. Cuando *desconfiamos*, estamos menos dispuestos o para nada dispuestos. También existe la condición de confianza baja, que se da cuando no tenemos suficiente experiencia con el otro para evaluar su sinceridad, competencia y confiabilidad. La *confianza* es un habilidad y competencia y, por lo tanto, puede ser aprendida, practicada y mejorada.

   Sin confianza, sería imposible tener relaciones, crear organizaciones, hacer pedidos o aceptar promesas de otros. Si no tenemos un nivel suficientemente alto de *confianza*, no nos subiremos a un avión, no compraremos un producto o no aceptaremos un trabajo. De hecho, hay pocas actividades que podemos emprender si no contamos con cierto nivel de confianza en ellas.

- **Confusión:** el escritor norteamericano Henry Miller definió la *confusión* de este modo: ***"La confusión es una palabra que hemos*** *inventado para un orden que no es entendido"*. Su raíz significa "verter todo junto", una descripción adecuada de cómo se siente para nosotros. El propósito de la confusión es hacer notar que algo que estamos experimentando no encaja en nuestra comprensión del mundo. Por ejemplo, al conducir de noche por la carretera y ver luces de frente que parecen venir por nuestro camino, nuestra reacción probablemente sea "¿qué sucede?", o algo por el estilo. Cuando un vendedor nos da cambio por una compra y no sumó bien el total, primero sentimos *confusión*. Entonces, la *confusión* es esa etapa en la que las cosas "no son congruentes con la manera en que entendemos el mundo". En estos dos escenarios podemos ver cómo nos protegería. En vez de otorgarle este valor, comúnmente la interpretamos como una emoción "mala". Cuando nos encontramos en situaciones de aprendizaje y comenzamos a aprender cómo funciona determinado mundo, puede que el profesor nos muestre una nueva idea o punto de vista que no sigue nuestro razonamiento y lleve a la *confusión*. La educación tradicional no honra la importancia de este momento de confusión, y, en la escuela, muchos de nosotros fuimos reprendidos por "no ser capaces de descifrarlo" o salir rápidamente de la *confusión*. Es de esas experiencias que tenemos la idea de que la *confusión* es algo que debe evitarse, en vez de tomarla como un paso natural y predecible en el aprendizaje.

■ **Contento:** similar a sentirse *satisfecho*. Los deseos de una persona *contenta* están "ligados a lo que ya posee", lo que significa que no tiene una inclinación de buscar más, lo cual sería el efecto del *descontento*. El estar contento puede estar relacionado con los aspectos materiales o de relaciones en la vida, o los más espirituales, parecido a la *paz* y la *serenidad*.

Capítulo 3: El significado de las emociones

- **Cuidado:** la raíz lingüística de la emoción *cuidar* significaba "estar ansioso, apenarse; sentir preocupación o interés". En otras palabras, nos interesamos por alguien o algo y lo que les suceda nos importa. Este interés viene de una conexión, ese alguien o algo nos remite a algo que nos es familiar, tenemos una historia similar o nos recuerda una experiencia del pasado que nos impresionó. Es bastante común escuchar la historia de alguien que estudió medicina pediátrica porque tenía un hermano que necesitaba atención médica cuando era joven. Ya sea que el hermano recibió la atención médica o no, la experiencia causó tal impacto que el médico decidió la medicina infantil como carrera. Otras del estilo existen para la mayoría de las vocaciones y pasatiempos, como la del niño que creció sorprendido por el bosque y se convirtió en guardabosques o ambientalista.

    Una distinción útil con respecto a la emoción del cuidado es que puede ser activa o inactiva. Podemos "interesarnos" por las cosas y las personas o podemos "cuidarlas". La diferencia es que interesarse por algo o alguien no requiere tiempo y energía, no exige una acción (cuidado inactivo), mientras que cuidar de alguien o algo, sí (cuidado activo). En esta última, yo decido poner mi foco y recursos en cuidar activamente de algo o alguien. Podemos interesarnos por un gran número de cosas o personas, pero como el tiempo y la energía del ser humano tienen sus límites, solo podemos cuidar de un pequeño número de cosas o personas. Mucha gente cree que si no está "cuidando" de una cosa o persona, significa que no les importa.

- **Culpa:** la *culpa* se siente mal. Nos hace sentir inferiores a otra persona. La razón de este sentimiento es atraer nuestra atención, porque la *culpa* juega un rol fundamental a la hora de ver nuestros valores personales.

EMOCIONES: UN REGALO POR ABRIR

La culpa aparece cuando hemos violado uno de nuestros valores. Si no sintiéramos *culpa*, no podríamos darnos cuenta de que hemos transgredido nuestros estándares, y no seríamos capaces de ver los límites de nuestras creencias. En este sentido, la *culpa* es esencial para entendernos a nosotros mismos. Si nos sentimos *culpables* cuando rompemos una promesa, aun una pequeña, nos dice que consideramos que las promesas son importantes. Si nos sentimos *culpables* cuando ignoramos a un mendigo, significa que creemos que es responsabilidad nuestra ayudar a quien necesita ayuda. Si sentimos *culpa* cuando no decimos toda la verdad, nos hace saber que creemos que este comportamiento no es correcto. La *culpa* es otro caso de las emociones que son consideradas "malas" cuando, de hecho, nos brinda información esencial y es la base de nuestra identidad.

Un importante elemento intrínseco de la culpa es que a veces tiene estándares no visibles que hemos aprendidos. A menudo los expresamos como "deberíamos" y "no deberíamos". Solemos pensar en estos estándares como algo ético, "deberíamos = comportamiento correcto" y "no deberíamos = comportamiento incorrecto", pero dado que la *culpa* revela creencias personales, esos "deberíamos" y "no deberíamos" son altamente individuales. Se ven como valores universales pero son frecuentemente adoptados de nuestras familias o cultura con el propósito de guiar nuestro comportamiento personal. Otros "deberíamos" y "no deberíamos" más universales están conectados con la emoción de *vergüenza*.

- **Curiosidad:** "creo que aquí hay algo de valor para mí y quiero descubrirlo". La *curiosidad* es la emoción que nos pone en acción para investigar y hacer preguntas para así entender cómo algo puede ser valioso para nosotros. Si nos sentimos *curiosos* por una cantidad de tiempo considerable sin encontrar aquello que es valioso para nosotros, podemos avanzar hacia el *aburrimiento*, la historia opuesta: "creo que aquí no hay nada de valor para mí así que pondré mi atención en otro lado". Uno de los principales beneficios de la *curiosidad* es que nos atrae y nos sumerge en el mundo por su propia naturaleza. Sin ella, llevaríamos una existencia muy monótona.

- **Decepción:** la emoción de la *decepción* surge cuando nos damos cuenta de que aquello que pensamos que sucedería y lo que está sucediendo no están alineados. Todos los humanos parecen poseer la habilidad e inclusive la necesidad de imaginar cómo será el futuro. Continuamente estamos construyendo expectativa sobre cómo será el futuro. Esperamos que sea soleado o cálido, o recibir un incremento salarial. Quizás algunas de estas cosas nos hayan sido prometidas pero, si no, son simplemente invenciones nuestras de cómo creemos que será el futuro. Cuando la vida se comporta de un modo *contrario* a nuestras expectativas, sentimos *decepción*. Usualmente, pensamos que esta *decepción* significa que algo está "mal", cuando una interpretación más útil sería que nuestras expectativas y la realidad simplemente no están alineadas. La vida no se comporta como esperábamos. Una cosa que profundiza la *decepción* es cuando nos hemos apegado a nuestra interpretación o expectativa. Ese apego generalmente nos llevará a resistirnos o *negar* lo que es evidente.

Se presenta una confusión cuando decimos algo como "no quiero decir que no porque no quiero *decepcionarla*". La creencia subyacente es que es mi acción la que genera la *decepción* en vez de las expectativas de la otra persona. En el caso de que hayamos hecho una promesa, probablemente se haya vuelto parte de las expectativas de la otra persona. Si le prometo a mi hija que la llevaré al centro comercial, la idea de que la voy a llevar no es una idea que ella se haya inventado. Al asumir que creyó en mi promesa y que ella quería ir al centro comercial, romper esta promesa generará *decepción*. Sin embargo, en algunos casos de promesa rota por parte de otro, puede que me sienta *aliviada* más que *decepcionada*. Si mi cuñado promete pasar de visita un domingo pero preferiría pasar el día sola, me sentiré *aliviada* si cancela.

■ **Deleite:** "atraer, cautivar, complacer fascinar" según sus raíces latinas. Es la emoción que nos alerta ante una sorpresa agradable. Nuestra reacción al *deleite* es sentir ligereza, y a menudo sonreímos y juntamos nuestras manos. El *deleite* puede sacarnos del *aburrimiento* o la *seriedad* y nos brinda momentos inesperados de *alegría*. Nos dice algo acerca de nuestras expectativas en la vida y qué nos hace *felices*.

■ **Deseo:** cuando piensas en que el origen de la palabra *deseo* era "ansiar algo que viene de las estrellas", puedes sentir su naturaleza profunda. Un deseo es un *anhelo* o una *añoranza*. Si lo escuchamos, sabremos qué es lo más importante y querido para nosotros. Cuando pensamos en nuestra pareja y sentimos *deseo*, nos dice cuán importante es para nosotros. Aunque puede dársele, y a menudo lo hacemos, una connotación sexual, puede ser aplicado a cualquier parte de la vida, inclusive la más espiritual. Nuestra predisposición en el *deseo* es acercarnos a la persona u objeto que anhelamos.

■ **Desesperanza:** desesperar es "perder toda esperanza". Significa que no podemos ver posibilidades futuras, e inclusive que no veamos ningún futuro. Nuestra predisposición en la desesperanza es dejar de intentarlo, tiene la misma predisposición que la *apatía*. No es igual a la *resignación* ya que, en esta, abandonamos el intento porque creemos que "nada que haga hará la diferencia entonces, ¿para qué intentar?". La experiencia personal de los autores con la *desesperanza* es que, más que la *tristeza*, es la emoción asociada a la depresión. Es la incapacidad de ver cualquier posibilidad futura y nos inmoviliza. El propósito de la *desesperanza* es un poco más misterioso, quizás podría ser ayudarnos a salirnos de nosotros mismos para encontrar apoyo en un poder superior. Podemos volcarnos a la naturaleza, al universo, o a una deidad determinada. Si hemos perdido toda esperanza de que podamos manejar la situación solos, nos fuerza a buscar ayuda fuera.

- **Dicha:** la *dicha* es cocreativa con la historia de que "todo en la vida está bien" y en la *dicha* nos sentimos ligeros y relajados. Joseph Campbell, conocido mitólogo, escritor y profesor estadounidense, pionero en el entendimiento de la cultura y las emociones, eligió la *dicha* como la emoción que apunta al propósito en la vida. La *dicha* tiene similitudes con la *serenidad*, la *paz* y la *aceptación*. Todas ellas nos brindan la oportunidad de reflexionar, apreciar y disfrutar los momentos de la vida, pero solo la *dicha* tiene esta conexión con el propósito de nuestras vidas.

- **Dignidad:** la *dignidad* es una de las emociones más importantes en términos de la identidad propia, y sin embargo suele no ser reconocida por la gente. Sentir *dignidad* significa "sentirse valioso". Es la creencia de que somos tan importantes como cualquier otra persona y que merecemos nuestro lugar en el mundo. En otras palabras, somos un ser humano legítimo. Otra creencia es que tenemos el derecho de elegir por nosotros mismos. Cuando actúo desde la dignidad, decido aquello en lo que creeré, qué haré con mi vida, con quién estaré y qué tratamiento aceptaré de parte de otros. La *dignidad* me permite establecer mis límites y, si son traspasados, aparecerá la *indignación* para defenderme. No nos sorprende que la mayoría de los líderes de movimientos sociales expresen su *dignidad* e insistan sobre la misma regularmente como base para la interacción humana. Mandela, Gandhi, Martin Luther King, la Madre Teresa, el Dalai Lama, junto a una multitud de líderes sociopolíticos, basaron sus campañas en la emoción de *dignidad*. Una cualidad inherente de esta emoción es que, si expreso *dignidad*, no solo insisto en ella por mí misma, sino que la extiendo a otros, inclusive a mis oponentes. Cuando decimos que alguien carece de "autoconfianza", solemos hablar de una falta de *dignidad*.

- **Disfrute:** la emoción del *disfrute* nos dice que estamos sintiendo algo que nos resulta placentero. Por lo tanto, nuestra predisposición es continuar haciéndolo o hacerlo nuevamente. Similar al *asco*, el *disfrute* es sumamente individual. Algunas personas *disfrutan* cazar, mientras que otras d*isfrutan* tejiendo. Podemos d*isfrutar el estar* en una multitud de personas, estar solos, o ambos. El foco del *disfrute* tiende a ser el presente, aunque podemos recordar cosas que hayamos *disfrutado* en el pasado o anticipar algún *disfrute futuro*. El *placer* surge del momento actual y no requiere ningun resultado.

- **Diversión:** la *diversión* tiene que ver con distraer nuestra atención o causarnos una reflexión diferente. No es necesariamente algo que nos hace reír, pero sí es a menudo algo que nos hace sonreír. La finalidad de la *diversión* como emoción es informarnos que estamos sintiendo algo inesperado y agradable. La *diversión* puede ser el antídoto a la *seriedad* o la *formalidad*.

Capítulo 3: El significado de las emociones

- **Duda:** la *duda,* como sensación corporal, puede sentirse similar a la ansiedad o al miedo. Podemos sentirnos desconectados de la tierra y nos anima a detenernos y, por lo tanto, aminora nuestros movimientos y progreso. De todos modos, la duda significa algo muy diferente al *miedo* o la *ansiedad*. La *duda* me hace saber que me encuentro en un territorio nuevo, y su mensaje es que no debo dar por sentado el estar preparado. Por lo tanto, es lógico que la *duda* se presente ante cualquier actividad o aprendizaje nuevo, dado que estaremos en ámbito desconocido. La duda es un llamado de atención más que una advertencia sobre problemas inminentes. También es predecible cada vez que estamos haciendo algo nuevo, aprendiendo algo nuevo o actuando en un área nueva de la vida.

- **Ecuanimidad:** significa considerar las cosas con calma e imparcialidad. Su predisposición es a considerar sin prejuicio y es la emoción que nos permite acercarnos a aquello a lo que nos referimos como objetividad. Significa "una mente o espíritu imparcial".

- **Empatía:** ontológicamente, *empatía* significa resonar con la emoción de otro al punto en que la emoción se vuelve nuestra. A veces decimos que "nos hacemos cargo" de la emoción del otro. Dado que las emociones son energías *vibratorias* por naturaleza, significa que nos alineamos con la energía de la otra persona. La *empatía* es la emoción que le dice a otros que comprendemos la experiencia que están teniendo. Cada uno de nosotros tiene capacidad de ser *empático*, pero lo seremos más en situaciones en las que la circunstancia del otro es similar a alguna que nosotros hayamos vivido. Por ejemplo, el padre de un niño con dificultades de aprendizaje puede ser más capaz de *empatizar* más con otro padre en la misma situación. Alguien que no haya vivido esa experiencia puede limitarse a ser *simpático*, lo cual significa que puede imaginarse la experiencia, pero no la ha sentido antes como tal.

- **Encanto:** la emoción de encanto tiene su raíz en el latín, *incantare*, que significaba "hechizar". Cuando nos sentimos *encantados,* estamos cautivados por el evento o la persona de un modo que parece mágico.

- **Entusiasmo:** el *entusiasmo* proviene del griego y significa "con los dioses" o "con lo divino". A partir de esta idea, podemos entender al *entusiasmo* como una emoción conectada y a su vez comprometida con una causa mayor que nosotros mismos. Esto lo distingue claramente de la emoción *excitación,* que es un nivel de energía elevado pero no puede sostenerse a sí misma, y solo puede ser mantenida con niveles de energía aún más altos. Dada su conexión con "algo más grande que nosotros mismos", el entusiasmo tiene una durabilidad y sustancia que la *excitación* no tiene. También puede ser distinguido de la *ambición*, que es la emoción que experimentamos cuando vemos posibilidades en la vida y estamos decididos a aprovecharlas. La *ambición* puede ser vista como más enfocada en "obtener o lograr algo", y el *entusiasmo* con "estar al servicio de algo".

En organizaciones, esta "conexión con algo más grande" es generalmente representada en las declaraciones de la visión y/o misión. El poder del *entusiasmo* para los líderes es que puede brindarles energía y dirección sostenida, particularmente en momentos complicados. Puede ayudarles a hablar sobre su visión para que otros vean una posibilidad nueva en el futuro, y esto da dirección a su trabajo. En cuanto a los empleados, esta conexión con una causa mayor significa que no deben confiar solo en

Capítulo 3: El significado de las emociones

el líder para encontrar *inspiración*. Cuando el líder deja la organización o no actúa de modo acorde a la visión, esta visión aún puede ser su guía. Es esencial que un líder comprenda la diferencia entre generar *excitación*, actuar con *ambición* y provocar *entusiasmo* para poder dirigir a su equipo efectivamente.

- **Envidia:** la *envidia* es otra emoción que solemos etiquetar como "mala". Se encuentra dentro de los pecados capitales y se la suele definir no solo como *celos* de lo que otro tiene o es, sino que se le agrega el deseo de arrebatárselo. Suele decirse que es *envidia mala* o *no sana*. Si nos limitamos a la *envidia*, la interpretaríamos como "el deseo de tener algo que otro tiene". De este modo puede ser útil escucharla y nos puede ayudar a entender lo que creemos que falta en nuestras vidas. Por ejemplo, si *envidiamos* el trabajo o la casa de otra persona, lo que nos quiere decir es que hay algo sobre ese trabajo o esa casa que nos gustaría tener en nuestras propias vidas. La *envidia* no incluye necesariamente el deseo de arrebatárselos al otro, lo cual sería *resentimiento* ("no debería ser así") o *venganza* ("deseo de vengarse"). La *envidia* es una de las emociones fuertes que se nos hace difícil sentir o admitir que sentimos. Mucha gente siente *vergüenza* cuando la siente. Como resultado, no tienen la posibilidad de reflexionar sobre qué intenta decirles esa *envidia* por estar preocupados por esconderla. Escuchar la *envidia* puede ayudarnos a enfocarnos a crear una vida que nos satisfaga. Dentro de esta interpretación está muy lejos de ser una emoción "mala".

- **Erotismo:** la palabra *erótico* provoca reacciones fuertes. En occidente, asociamos el erotismo con sexo y actos sexuales. Es verdad que la raíz griega de la palabra, *eros*, significaba "amor sexual", pero el erotismo

EMOCIONES: UN REGALO POR ABRIR

puede tener un significado mucho más amplio que está conectado con la *pasión*. *Pasión* deriva de una raíz que incluye "sufrimiento, deseo". Ontológicamente, el *erotismo* es el "deseo, anhelo de fundirse con un objeto de deseo". Ese objeto puede ser una persona pero también puede ser arte, música, naturaleza, espíritu u otros aspectos del mundo que consideremos profundamente atractivos. Cuando los llamados "derviches giradores" del Sufí bailaban, el acto era considerado *erótico*, y el erotismo *formaba* parte de todas las artes. Sea cual sea la interpretación que cada uno tome, es importante recordar que más allá de que hay una predisposición en cada emoción, no significa que debamos tomar esa acción. Podemos sentir erotismo sin actuar sobre él, pero puede no obstante, informarnos acerca de lo que *deseamos*.

- **Esperanza:** "ansiar, esperar, anticipar" son modos de articular la emoción de la *esperanza*. Esto hace que sea evidente que la orientación de la *esperanza* sea el futuro, y un futuro que deseamos. Generalmente, *esperanza* significa que vemos la posibilidad de un futuro que es tan bueno o mejor que nuestro presente. La predisposición de la *esperanza* es hacer planes y considerar posibilidades que nos ayudarán a ir hacia el futuro que deseamos. Como emoción, la *esperanza* nos brinda la energía para movernos aún en circunstancias difíciles. La *esperanza* y la *expectación* tienen cosas en común, aunque cuando sentimos *expectación* hay un mayor apego a nuestra visión. Puede ser la raíz de la *decepción*, que es el darnos cuenta de que nuestra visión del futuro no sucederá.

- **Euforia:** en sentido literal, un "empujón", que es lo que sentimos físicamente. Similar al *deleite*, pero más intenso y con una historia distinta. El *deleite* es la respuesta a una sorpresa que consideramos que es buena, pero la *euforia* tiene que ver con la satisfacción por los logros personales. Reconocemos y queremos celebrar nuestra buena suerte y quizás no imaginamos un mejor resultado. La *euforia* puede ser provocada por lograr un objetivo personal o recibir elogios de otros. Es similar al *orgullo* pero es más intenso, y con deseo de celebrar y no simplemente contárselo a otros.

- **Escepticismo:** como el *cinismo*, esta emoción deriva de la historia griega y está asociada a un filósofo. Viene de la palabra griega *skeptikos*, con su plural *skeptikoi* o "los escépticos", quienes eran seguidores de Pirrón (filósofo griego que vivió de c.360 a c.270 AEC). Esto significaba que eran "curiosos y reflexivos". Ese sigue siendo el significado, aunque a menudo entendamos que la duda está apuntada a encontrar una falla o debilidad en un argumento. La emoción *escepticismo* es muy útil para ayudarnos a distinguir aquellas cosas que creemos de aquellas en que no creemos. Como tal, es una herramienta esencial para el entendimiento y la toma de decisiones. Puede ser pensada como el opuesto a la *ingenuidad*.

- **Exuberancia:** la historia de la *exuberancia* es que creemos que el mundo rebosa de abundancia. Mientras que *la esperanza* significa creer que la vida brinda posibilidades, *exuberancia* significa que creemos que la vida es fructífera. Cuando creemos esto nos inclinamos a la satisfacción, la apreciación y el compartir con otros todo lo que esté disponible.

- **Fascinación:** como muchas otras emociones, el origen de la palabra *fascinación* proviene del latín. Significaba "encantar o atraer" y esa es la experiencia que nos brinda. Algo o alguien capta toda nuestra atención.

Es como si esa cosa o persona nos hubiera hechizado. La *fascinación* no requiere que entendamos por qué estamos interesados; de hecho, no saberlo la convierte en más atractiva aún. El valor de sentir *fascinación* es que nos permite enfocarnos atentamente.

- **Fe:** mientras que la razón puede ser definida como "una creencia basada en evidencia", la *fe* puede ser vista como "una creencia sin necesidad de evidencia". La raíz de *fe* es *fidere,* que en latín significa "confiar". Ontológicamente, diríamos que la razón es lo que nos permite tener creencias sobre el mundo material, en el que es posible producir evidencia visible, y que la *fe* es su contraparte en el mundo inmaterial, y que ese es su propósito.

- **Felicidad:** del siglo XIV, "afortunado, favorecido por la fortuna, próspero"; en eventos "darse bien". Sus raíces latinas significan "oportunidad, fortuna". Por lo tanto, la *felicidad* es una emoción cocreativa con la historia de que "las cosas sí están saliendo bien" para mí o que soy "afortunado". La implicación es que no existe un conjunto de circunstancias fijas que lleve a la *felicidad,* sino que depende de mi interpretación. Puedo ser *feliz* si encuentro dinero en la calle porque significa que soy afortunado. Otra persona puede que no se sienta *feliz* en la misma situación. Un determinado trabajo, relación o posesión puede "hacerme *feliz*" dependiendo de qué signifiquen para mí ese trabajo, esa relación o esa posesión. La Declaración de Independencia de los Estados Unidos dice que "la búsqueda de la *felicidad*" es uno de los derechos inalienables de todos los seres humanos. No dice que tengamos el derecho a ser *felices* sino solo a buscar una vida en la que creamos que "las cosas están saliendo bien y somos afortunados".

Capítulo 3: El significado de las emociones

- **Frustración:** la historia de la *frustración* es que "ya debería haber sucedido". También puede ser que "no debería haber sucedido", pero siempre es una o la otra. La *frustración* ocurre porque los humanos tenemos la capacidad única de generar una historia de cómo creemos que será el futuro. Esto se llama expectativa. Las expectativas provienen de dos fuentes. Cuando alguien en quien confiamos nos promete que algo sucederá en determinado momento, generalmente esperamos que eso pase en el momento acordado. Si no ocurre, puede que sintamos *frustración* porque "ya debería haber sucedido". Otra fuente de expectativas es nuestro propio pensamiento inventivo. En todo momento, seamos conscientes o no, estamos creando una historia de cómo debe ser el próximo minuto, hora, día, año o vida. Mucho de esto se basa en lo que ha ocurrido en el pasado. Vivimos en la historia de que, cuando insertamos las llaves para encender el vehículo, este arrancará; que un amigo nos invitará a su fiesta de cumpleaños; que mañana será un día soleado. Cuando aquello que pensamos no ocurre, en ese momento nos damos cuenta de que la vida no sucede del modo en que imaginábamos. En ese momento sentimos *decepción* y también podemos sentir *frustración*. La *decepción* nos dice que hay un desbalance entre nuestra historia de vida y cómo la vida se comporta. La *frustración* es la historia de que eso no debería suceder. A menudo pensamos que, porque estamos *frustrados*, algo está "mal" cuando, de hecho, la emoción nos está informando que algo no está a la altura de nuestros estándares o expectativas. La *frustración* y *la rabia* a veces se usan de manera intercambiable pero, mientras que *la rabia* tiene que ver con una injusticia percibida, la *frustración* surge de expectativas incumplidas.

- **Furia:** significado: "pasión violenta, locura, ira" en latín. La furia es la emoción que nos permite atacar o defendernos sin preocuparnos por las consecuencias. En momentos de desesperación, puede ser lo que nos permita sobrevivir. Es similar a la *ira* en cuanto a energía, pero el foco es distinto. La furia es provocada por el cuidado de nosotros mismos o de alguna causa, mientras que la *ira* es el impulso a destruir porque nos da lo mismo o creemos que no hay nada bueno en aquello que estamos atacando. Si observas a un padre defendiendo a su hijo de un animal salvaje, verás la emoción de la *furia*. El ataque no implica destruir al animal (*ira*) o *rabia* (el animal está atacando al niño injustamente), sino *furia porque* defiende aquello que le importa.

- **Generosidad:** significa "magnánimo" o "de cuna noble". Aunque la magnanimidad no sea una palabra que usemos seguido, significa "de alma grande", por lo que la implicación es que alguien en la emoción de *generosidad* estaría inclinado a brindarle a otros sin esperar nada a cambio. Entonces, la *generosidad* es la emoción por la que damos regalos. No obstante, usamos como distinción que además de dar, somos generosos cuando también dejamos espacio para recibir, ya que de lo contrario, la otra persona siempre estaría en deuda con nosotros. El valor de esta emoción es que nos permite ser generosos sin compromiso.

- **Gratitud:** la raíz de la palabra *gratitud* se relaciona con el latín *gratis*, que significa "gratis". La *gratitud* es la emoción que sentimos cuando hemos recibido algo sin pagar por ello o como regalo. En su sentido más amplio, la *gratitud* es la creencia de que todo lo que somos y todo lo que sucede en nuestras vidas son regalos. En otras palabras, no nos ganamos esta vida sino que nos fue dada por un creador, el universo o la evolución. Eso es lo que estamos diciendo de una manera ritualizada cuando damos las gracias antes de cenar. De todas las emociones, la

Capítulo 3: El significado de las emociones

gratitud puede que sea la más fácil de aceptar y elegir. Al declarar que aprenderemos esta emoción, podemos pasar de una vida en estado de ánimo de tener *derecho,* a vivir en *gratitud.*

- **Honor:** del latín "dignidad o reputación". Es la emoción que nos permite proteger nuestra reputación. Cuando lo que hemos hecho es atacado, nos brinda la energía para tomar posición y defendernos. El *honor* como emoción tiene que ver con tomar acciones que defiendan lo que pensamos que *"es correcto",* inclusive cuando otros no crean que esas acciones sean éticas. Un soldado que se sacrifica por un compañero puede estar actuando por *honor.*

- **Horror:** "estar lleno de miedo o terror". Sentimos *horror* cuando lo que encontramos es tan malo como podemos imaginar. Físicamente, sentimos un "temblor, escalofrío, estremecimiento o frío" y deseos de alejarnos o evitar la experiencia. La identificación y el reconocimiento de la maldad nos permite apreciar la seguridad. El *horror* puede también protegernos de actividades verdaderamente destructivas.

- **Humildad:** esta es una emoción con una fuerte interpretación tradicional que los autores no encuentran útil. A menudo pensamos que "ser *humildes"* significa ponernos en segundo lugar o pensar que somos menos que otros. Esa es la historia que le asignaríamos al *servilismo.* Una interpretación que consideramos más útil es "declarar todo lo que somos y nada que no seamos". En otras palabras, la *humildad* es un sentido real de uno mismo. La raíz latina significa "terrenal", y es consis tente con esta interpretación. Este modo de pensar sobre ello ha hecho que sea una emoción poderosa para ayudar a la gente a desarrollar su sentido de autoestima y dignidad. También significa que uno se encuentra constantemente esforzándose para alinearse con las verdaderas capacidades, talentos y características propias. Esto lleva a los otros a sentir que somos sinceros y no estamos ocultando nada ni pretendemos ser aquello que no somos. La *humildad* puede ser pensada como la ausencia de pretensión. Una oportunidad que esta interpretación abre es que el orgullo ya no es inconsistente con la *humildad*. Cuando hacemos algo que pensamos que es bueno y queremos compartirlo, podemos estar tranquilos al sentirnos *orgullosos* sabiendo que no estamos jactándonos ni pretendiendo ser más de lo que somos, ni reclamando más de lo que hemos hecho.

- **Humillación:** significa "ser *humilde*"; recordar qué y quién somos. La *vergüenza* o *remordimiento* que sentimos en la *humillación* está conectada con el hecho de que hemos pretendido ser más de lo que somos y ahora nos damos cuenta de que no es así. A menudo decimos que alguien "*nos humilló*" pero somos nosotros los que hemos presumido ser más y así hemos creado la situación. La otra persona simplemente ha revelado la verdad. La *humillación* como emoción nos mantiene al tanto de nuestras habilidades y límites.

- **Impaciencia:** significa "rechazo a ser indulgente". En otras palabras, cuando somos *impacientes* estamos marcando nuestro terreno en términos de nuestros estándares. Eso no significa que nuestros estándares sean lógicos o útiles pero, si escuchamos a nuestra *impaciencia*, sabremos cómo pensamos que "deberíamos" vivir la vida. En esta interpretación, la *impaciencia* se acerca más a la *indignación* que a *la rabia*. La *impaciencia* no implica que algo es injusto sino que existe algo que

Capítulo 3: El significado de las emociones

no aceptaré según mis estándares. Así podemos saber que es útil insistir y mantener los estándares que mejor consideramos.

- **Impotencia:** ayudar significa "apoyo, auxilio; beneficiar, hacer bien; curar, enmendar". Cuando vivimos la historia de que no somos capaces de hacer esas cosas, sentimos la emoción de la *impotencia*. Cuando nos sentimos *impotentes* no actuamos porque no creemos que seamos capaces de tener impacto en la situación. Puede ser que creamos que no podemos ayudarnos a nosotros mismos, o no podamos ayudar a otros. Como es el caso con otras emociones, quizás no sea verdad que no podamos cambiar la situación, pero creemos verdaderamente que no podemos.

- **Incredulidad:** algo "no merecedor de ser creído" o "demasiado bueno para ser cierto". Si la incredulidad fuera pura, pararíamos ahí y no creeríamos pero, en algunas situaciones, intentamos convencernos a nosotros mismos de que "podría" ser verdad, lo cual puede ser un indicador de *euforia*. Comprar billetes de lotería o verse involucrado en un sistema piramidal son ejemplos de esto. El valor de la *incredulidad* es que nos fuerza a buscar evidencias de que algo es verdad o no, en vez de ser ingenuos y simplemente creer en ello porque nos gustaría que la vida fuese de ese modo.

- **Indiferencia:** la emoción de la *indiferencia* es exactamente como suena. Es el estado en que no nos interesa si una cosa o la otra suceden. No hace una diferencia para nosotros. Es una emoción que nos permite seguir a otros sin resistirnos y sin desafiar a la autoridad. Difiere de la *resignación* en que sabemos que podríamos elegir pero no creemos que el resultado será significativamente mejor o peor para nosotros. Podemos contrastar la *indiferencia* con la emoción del *cuidado* ya que en esta última, todo lo que suceda es importante para nosotros.

- **Indignación:** parecería ser que, si *dignidad* significa que soy valiosa, la *indignación* puede significar que no creo que lo sea. Sin embargo, en el mundo de las emociones, la *indignación* es la emoción que es provocada cuando alguien me trata como si no fuera valiosa cuando yo siento que sí lo soy. Estar *indignado* significa "defender mis límites y no permitir que otros me traten de modos que no acepto". La *indignación* puede ser confundida con *la rabia* porque se sienten similar. Hay una energía elevada y nuestro foco se reduce. A veces elevamos nuestra voz pero la historia de las dos emociones es muy diferente. La *rabia* conlleva la predisposición a castigar porque creemos que el otro hizo algo que es injusto. La *indignación* es la predisposición de cuidarnos a nosotros mismos porque creemos que el otro está cruzando el límite. La *rabia* se enfoca en el otro mientras que la *indignación* se enfoca en nosotros mismos. Dado que la *rabia* es una emoción muy popular y la *indignación* es poco conocida, solemos confundirlas. Si aprendemos que la *rabia* es peligrosa y vergonzosa y, por lo tanto, la evitamos, no tendremos acceso a la emoción que nos lleva a cuidar de nosotros mismos, la *indignación*.

- **Ingenuidad:** la emoción asociada con la inocencia. *Ingenuidad* significa "natural" o "innato" y puede ser pensada como nuestro nivel de competencia emocional cuando éramos jóvenes. Ontológicamente, estamos viviendo en la historia de que "el mundo debería ser del modo en que me gustaría que sea". Si nos sentimos resentidos porque nos despidieron de una empresa a pesar de que sabíamos que la empresa

Capítulo 3: El significado de las emociones

se encontraba en aprietos, podemos estar en *negación,* pero también podemos estar cegados por la *ingenuidad.* Esta emoción hace que nos quejemos por cómo van las cosas en la vida, no porque tengamos seguridad de que "deban" ser distintas, sino solo porque creemos que la vida debería ser del modo en que queremos que sea. La *ingenuidad* puede requerir mucha energía porque hallamos que la vida es como es cuando creemos que debería ser de otro modo. El beneficio de la *ingenuidad* es que nos permite ser muy abiertos sobre la posibilidad de la bondad, la simpleza o la justicia en maneras que otras emociones no lo permitirían.

- **Ira:** está incluida en esta lista no tanto porque la sentimos a menudo individualmente, sino porque es algo que vemos en los medios y puede ser difícil entender por qué no es una emoción "mala". ¿Cómo puede beneficiar *la ira* a los seres humanos o brindarles la habilidad de hacer algo que no podrían hacer sin ella? *La ira* está asociada con matar, con la guerra y con destrucción precipitada e irreflexiva. Lo que ocurrió durante la Revolución Francesa o el genocidio en Ruanda o durante la Segunda Guerra del Golfo en los días posteriores a la entrada del ejército de los Estados Unidos a Bagdad, son ejemplos de destrucción sin sentido. Los crímenes pasionales son a menudo adjudicados a *la ira*. La emoción de *la ira* es cocreativa con la historia de que "nada es valioso para ser salvado" y la predisposición es a destruir. A menudo es considerada como rabia extrema pero, de hecho, tiene una historia subyacente diferente y es, por lo tanto, una emoción única. Es tentador pensar que *la ira* es una emoción disponible solo para aquellos que tienen la capacidad de sentirla pero, por experiencia personal, los autores dirían que se encuentra disponible para cada uno de nosotros bajo las circunstancias propicias.

- **Irreverencia:** la *irreverencia* nos brinda la habilidad de cuestionar o desafiar aquello que es sagrado. Significa que no nos sentimos intimidados o miedosos de lo que otros hagan. Nos permite pensar por fuera de los límites racionales. La sátira política o la burla a la autoridad mediante ironía caen en la categoría de irreverencia. También puede ser la emoción que le permite a alguien romper con la tradición en el arte para crear un nuevo movimiento. La *irreverencia*, entonces, se convierte en una emoción que alimenta la creatividad y la innovación, dado que los límites previos no limitarán el nuevo pensamiento. No es lo mismo que la *falta de respeto* porque no se opone a creencias tradicionales, sino que simplemente las ignora para ir tras algo nuevo.

- **Juzgar:** cuando juzgamos lo hacemos porque creemos que nuestra opinión tiene autoridad para decir lo que es correcto y lo que está mal. Si se nos ha concedido la autoridad para juzgar una situación o persona, esto puede ser cierto, pero muchas veces confundimos *evaluar* con *juzgar*. Una *evaluación* es una interpretación del valor de algo, y es verdadera para nosotros, pero no universalmente verdadera. Un juicio, cuando tenemos la autoridad para emitirlo, define una verdad universal. Por ejemplo, si nuestro papel como juez es declarar la inocencia o culpabilidad de una persona, nuestro *juicio* determina el futuro de todos los involucrados. Cuando se emplea deliberadamente con propósito y cuidado, el *juicio* es una emoción esencial. Cuando creemos que tenemos razón y que somos los únicos que la tenemos, esa creencia genera la emoción de *juzgar*. Como emoción, nos permite estar completamente seguros de nuestras creencias. No necesitamos cuestionar aquello que pensamos que es la verdad. Por otro lado, si "sabemos" que tenemos razón, entonces cualquiera que tenga otro punto de vista debe

Capítulo 3: El significado de las emociones

estar equivocado. También puede conllevar una cualidad moral, en la que "estar equivocado" equivale a "estar mal". Es fácil ver cómo esta emoción se encuentra en la raíz de muchos conflictos, especialmente cuando ambas partes la sienten. Una emoción similar pero menos extrema es la *certeza*, en la que estoy seguro de que estoy en lo correcto, pero tiene menos cualidad moral que *juzgar*.

- **Lástima:** historia del autor (Dan): a mis treinta años codirigí un coro de mujeres con discapacidades mentales. Luego de un tiempo, me di cuenta de que una de las emociones por las que lo hacía era por *lástima*. Creía que tenía habilidades superiores y que necesitaban mi ayuda. Era verdad hasta cierto punto. Conocía la música y cómo organizar a los músicos. Sin embargo, al pasar el tiempo me di cuenta de que cuando se trataba de practicar la *alegría*, ellas me dejaban detrás. Cantaban con *alegría* ya sea que supieran o no las letras, si afinaban o si podían seguir el ritmo. Siempre. Fue un descubrimiento *aleccionador* el hecho de que, al mismo tiempo de que quizás sentía *lástima* por sus limitaciones, ellas podían estar sintiendo *lástima* por mí y por mi habilidad limitada de sentir la *alegría*. Yo las necesitaba tanto como ellas a mí.

- **Lealtad:** la lealtad es la emoción que nos permite reconocer y cuidar un grupo del que nos consideramos parte. Su predisposición es defender ese grupo y sus límites. La *lealtad* puede ser asociada a muchas entidades distintas. Podemos ser *leales* a una creencia, una pareja, un partido político, un líder, una nación, una organización o a nosotros mismos, lo que crea el potencial de lealtades en conflicto. No es inusual que la *lealtad* sea la razón por la que algunos defiendan cosas que para nosotros como observadores externos no tienen sentido.

EMOCIONES: UN REGALO POR ABRIR

- **Lujuria:** "deseo, apetito, placer; apetito sensual". Esta interpretación no ha cambiado mucho, aunque la lujuria se ha tornado más asociada a lo sexual que a la comida. La predisposición de la *lujuria* es tomar y disfrutar sin preocupación por las consecuencias. Sentir *lujuria* nos informa que "tenemos apetito por" o qué deseamos. Como con otras emociones, la *lujuria* no implica que vamos a satisfacer el deseo, pero es indicio de aquello que nos gustaría hacer.

- **Maravilla:** cuando sentimos la emoción de la *maravilla*, descubrimos algo milagroso, maravilloso o increíble y, a menudo, es algo que no comprendemos. Si la experiencia nos asusta, provoca *temor*, pero si es algo que consideramos beneficioso o positivo, experimentamos *maravilla*. Nuestra predisposición será a continuar la experiencia. La *maravilla* es una de las emociones que nos conecta con algo más grande que nosotros mismos. Nos lleva a un universo superior y nos ayuda a reconocer que lo que estamos sintiendo es, de algún modo, extraordinario.

- **Merecer (tener derecho):** significa "tener el título de" o "poseer". Está conectado con la historia de que merezco algo. Esto puede manifestarse de distintos modos. Uno de ellos es la idea de que "el mundo me pertenece", y solemos verlo en adolescentes o en gente que consideramos "consentida". Otro modo es en su similitud con la *dignidad* en que "como ser humano tengo el derecho de que algunas cosas sean de mi elección". El sentimiento de derecho es "creo que el mundo está en deuda conmigo". Suele ser fuente y causa de sufrimiento. A menudo es parte del *resentimiento* y puede ser la base de la *resignación*. También se opone a la *gratitud*, en la que uno cree que todo lo que uno es y posee es una bendición. Se requiere una escucha cuidadosa para distinguir cuál "derecho" se está expresando.

Capítulo 3: El significado de las emociones

- **Miedo:** el *miedo* es una advertencia de un posible daño futuro y nos dice exactamente cuál puede ser la fuente. Si tenemos miedo de perder nuestro trabajo o fallar ante nuestro equipo, conocemos la fuente del *miedo*. Tener un accidente automovilístico, ser traicionados por un amigo o perder nuestra billetera pueden ser fuentes de *miedo*. Tradicionalmente hemos creído que el *miedo* significaba que algo malo "iba a pasar" cuando, de hecho, lo que nos está diciendo es que debemos prestar atención a aquello que nos puede dañar y, por lo tanto, tenemos la oportunidad de eliminar la amenaza. El *miedo* puede ser visto como una emoción muy útil e incluso amistosa que nos ayuda a protegernos al anticipar y evitar potenciales daños.

- **Molestia:** la *molestia* tiene raíces latinas y significa "sentir molestia" o "sentir desagrado". En otras palabras, me dice que no quiero participar de algo o que no quiero que sea parte de mi vida. Es una emoción que emplea la incomodidad para llamar nuestra atención y transmitir su mensaje. Toleraremos la situación en un nivel bajo pero cuando la *molestia* sobrepasa nuestra capacidad de ignorarla, buscaremos modos de cambiar dicha situación. Es una de las muchas emociones que nos orientan hacia lo que hacemos y lo que no queremos que forme parte de nuestra vida. Los ejemplos son variados, desde zapatos que no calzan bien, una mosca que ronda sobre nuestra comida, o un ruido que llega de la calle cuando intentas dormir. Si el nivel de molestia supera nuestra tolerancia, buscaremos el remedio.

- **Negación:** solemos pensar la *negación* como una emoción negativa, pero tiene su valor. Cuando estamos ante una situación estresante o de duelo y necesitamos atravesarla, esta emoción nos ayuda a continuar.

En *negación*, nuestra predisposición es a ver solo lo que deseamos y entender solo lo que queremos entender. Todo lo externo a esto deja de existir. Puede brindarnos mucho enfoque y resolución. Y, por supuesto, estos mismos atributos pueden cegarnos ante cosas que otros sí ven. Generalmente nos mantenemos en *negación* hasta que la crisis se profundiza al punto en que tenemos que rendirnos. Los adictos y la gente que sufre de traumas pueden emplear la *negación* para sobrevivir. Aunque aparece de modo diferente, la *negación* es similar a la emoción de *ingenuidad* en que nos permite ver el mundo del modo en que querríamos que fuera, en vez del modo en que es y, por lo tanto, puede verse como el opuesto a la *aceptación*.

- **Nostalgia:** cuando la gente habla sobre "los buenos viejos tiempos" generalmente lo dicen desde la *nostalgia*. En la *nostalgia* pensamos que "el pasado era mejor que el presente y me gustaría volver". Es una emoción cuya orientación temporal es hacia el pasado. El propósito de la *nostalgia* no es retroceder sino recordar aquello que era significativo para nosotros y considerar cómo podríamos generar algo similar en la vida actual. Cuando la *nostalgia* es un estado de ánimo, no podemos estar presentes y también tenemos dificultad para crear un futuro porque estamos constantemente intentando recrear el pasado.

- **Obediencia:** significa "haré lo que pides porque no creo tener otra opción". Cuando somos *obedientes*, tomaremos la acción pero no la haremos con *compromiso*. Cuando insistes en que uno de tus hijos se disculpe con otro, este es el resultado que sueles obtener. Dirán las palabras "lo siento" pero su lenguaje corporal y su tono de voz indican claramente que no lo sienten. A medida que crecemos, puede que

Capítulo 3: El significado de las emociones

mejoremos la actitud y seamos *obedientes* con las reglas del ambiente laboral o con los estándares sociales sin un compromiso verdadero. Aunque a veces un compromiso verdadero es necesario, en otras ocasiones ser *obedientes* es suficiente. Por ejemplo, cuando conducimos en calles públicas, cumplir con las leyes de tránsito es todo lo que se nos pide. Su valor como emoción es que consigue que la gente actúe de manera consistente, estén ellos de acuerdo o no, e incluso aunque no entiendan completamente el porqué. En esencia, se puede ver como un modo simplificado de generar acciones alineadas.

- **Obligación:** sentirse *obligado* significa "ser consciente de las cosas que debo hacer". La lista de cosas puede estar basada en nuestras promesas y compromisos, en expectativas culturales o sociales, o en nuestros propios valores. Como emoción, la *obligación* nos mantiene enfocados en tomar acciones aun cuando no nos sintamos inclinados a hacerlo en ese momento. A menudo decimos "tengo que hacer X cosa", indicador claro de esta emoción. Aunque nos hayamos comprometido a hacer algo libremente, es posible que luego lo veamos como una *obligación*. Generalmente no sentimos *libertad* junto a la *obligación*.

- **Odio:** la raíz del *odio* es muy antigua y está conectada con la pena. Más allá de eso, no sabemos mucho sobre su origen. A menudo pensamos que es el opuesto del *amor* pero, etimológicamente, parece estar más conectada con la *tristeza*, que significa "estar cansado de". Quizás un significado más adecuado sería que, cuando decimos que *odiamos* algo o a alguien, estamos diciendo que ya no queremos más de eso. Ya no queremos estar asociados a ello. Esto explica mucho en términos de nuestro deseo de alejarnos de situaciones o gente que *odiamos*. No hay nada intrínseco en la interpretación ontológica del *odio* que nos haga querer dañar al otro. En *la rabia* estamos predispuestos a castigar y en la *ira* a destruir, y el hecho de relacionar esas emociones al odio es lo que a veces le da una interpretación violenta. La predisposición del *odio* es simplemente "alejarse" de la cosa o persona con la que no queremos asociarnos más.

- **Optimismo:** significa "sé que las cosas buenas y malas suceden, pero la mayoría de las cosas que me suceden a mí son buenas". Así difiere de la *ingenuidad*, que nos ciega ante las cosas malas de la vida. El propósito del *optimismo* es permitirnos continuar libremente en la vida porque creemos que las cosas suceden a nuestro favor. Puede que algo malo suceda, pero probablemente no sea así.

- **Orgullo:** el *orgullo* es otro de los pecados capitales, pero una lectura detenida de la traducción lingüística revela que la palabra en su lengua original estaba más cerca a lo que hoy definimos como *arrogancia*. Ontológicamente, *orgullo* significa que "he hecho algo que creo que es bueno y quiero compartirlo con otros". Si obtengo un aumento de sueldo, apruebo un examen, marco un gol o cocino una cena que creo que es buena y quiero contárselo a otros, estoy sintiendo *orgullo*. También puedo sentir *orgullo* por otros, como nos sucede cuando nuestros hijos hacen algo bien. El *orgullo* nos permite compartir nuestros logros para que otros sepan lo que valoramos lograr en la vida. Si creemos que esto nos hace superiores a otros, nos estamos moviendo hacia la *arrogancia*, pero el *orgullo* está simplemente diseñado para decirles a los otros qué creemos que es bueno sobre quienes somos o sobre lo que estamos haciendo.

Capítulo 3: El significado de las emociones

Historia del autor (Dan): Una vez trabajé con una joven que yo sentía que era muy exitosa en la mayoría de las cosas que hacía, y además era muy agradable. Se quejaba de que no se sentía cercana en sus relaciones, y pensaba que estaba haciendo algo mal que hacía que otros no se sintieran atraídos hacia ella. A través del coaching se reveló su falta de distinción entre el *orgullo* y la *arrogancia*. Ella había aprendido que estaba mal hablar sobre sus logros, porque eso significaba ser *arrogante*. El costo de esto fue que no le permitió compartir su felicidad y, como consecuencia, estableció una barrera en todas sus relaciones. En cierto sentido, previno a otros de conocerla. Una vez que aceptó la diferencia y la aplicó en distintas conversaciones, encontró que podía compartir aquello de lo que se sentía *orgullosa*, lo cual tuvo un gran impacto en la profundidad de sus relaciones.

- **Pasión:** del latín *passionem*, "sufrir, enfrentar". Dada su raíz, es claro que es una emoción profunda. Un uso antiguo de *pasión* se encuentra en el concepto de "la *pasión* de Cristo" u otros contextos religiosos. A veces decimos que alguien "sufre por su arte". Como el *erotismo* que, aunque nuestra interpretación moderna sea a menudo conectada con lo sexual, su sentido más amplio es "un profundo deseo por estar tan cerca como puedo de alguien o algo que deseo". Esta es una de las emociones que nos permite ir tras actividades o relaciones con un foco único y dejar de lado la *duda*, el agotamiento o la fatiga. Si imaginas a la *pasión* como el combustible para un escalador de montaña, podrás verla como aquello que lo ayuda a superar cualquier obstáculo. Asimismo sucede con las relaciones, en la pintura, en la música y en otros objetivos.

- **Pavor:** ¿recuerdas alguna vez en tu vida en que hayas sentido tanto miedo que quedaste inmovilizado? No podías salir de la cama por alguna situación que debías enfrentar en el trabajo o no podías comenzar una conversación que querías y necesitabas tener. En esos momentos, es posible que estuvieras sintiendo *pavor*. El *pavor* nos avisa que algo del futuro puede que no simplemente nos hiera, sino que pensamos que tiene el potencial para destruirnos. Es similar al *miedo* y la *ansiedad* en términos de tratarse del futuro; posee cualidades de ambas, pero es más fuerte que ambas.

Historia del autor (Dan): Recuerdo un período de varios meses en el que tuve un problema de trabajo, el cual hacía principalmente a través del correo electrónico. Hubo amenazas y acusaciones serias, algunas de las cuales pusieron en juego mi carrera y algunas de las cuales amenazaron el futuro de una organización con la que estaba profundamente comprometido. Además de la *ansiedad* y el *miedo*, también hubo *pavor* que comencé a sentir cuando abría mi computadora y chequeaba mi correo electrónico porque, cada vez que lo hacía, la crisis parecía tomar un nuevo giro y empeoraba. El *pavor* que *sentía* llegó a inmovilizarme y me sentía incapaz de hacer cosas tan simples como abrir mi computadora (para no tener que enfrentar la próxima descarga). Mi experiencia con el *pavor* no se evaporó al terminar la crisis, tardó varios meses en desaparecer.

- **Paz:** el origen de *paz* proviene del latín y significa "ausencia de guerra, tratado o tranquilidad". Significa que estamos emocionalmente en paz y no luchamos contra la *duda,* el *miedo* o la *ansiedad*. La preocupación humana de la que se ocupa es permitirnos descansar sin tensión. Por sus raíces, podemos inferir que es algo que podemos declarar si necesitamos descansar. Podemos llegar a un acuerdo con otros o podemos optar por tener momentos de *paz* nosotros mismos.

Capítulo 3: El significado de las emociones

- **Perdón:** el *perdón* es una emoción con la que muchos luchan porque, tradicionalmente, la hemos entendido como algo que hacemos por la otra persona y porque creemos que debe incluir el olvido. *Perdonar* significa que "recuerdo el daño que me causaste pero no lo usaré para castigarte en nuestras interacciones futuras". Si olvidamos la injusticia, el *perdón* no es necesario, así que recordar qué pasó es esencial. Tampoco significa que cambié de opinión sobre el hecho de que me hiciste daño; simplemente significa que no lo usaré en tu contra en el futuro. El propósito del *perdón* no es liberar de culpa al otro, sino liberarnos a nosotros mismos para poder continuar interactuando. El *perdón* es una emoción que debe ser practicada para dominarla. Puedo decir que *perdono* determinado acto pero, cuando en el futuro recuerde lo que ocurrió, casi con toda seguridad deba renovar mi compromiso con el *perdón*. Al hacerlo, puedo acostumbrarme a pensar así aunque aún necesite renovarlo. El *perdón* puede ser ofrecido por la persona perjudicada o por quien causó el daño pero, en cualquier caso, el resultado puede ser liberador para ambos.

- **Persistencia:** "continuar incondicionalmente". Cuando estamos en la emoción de *persistencia*, continuaremos intentando algo hasta que suceda. Puede ser invaluable en una situación en la que estamos haciendo lo correcto pero todavía no hemos tenido éxito. En ese sentido puede verse como el opuesto a la *frustración*. La sombra de la persistencia es que podemos, como dice el dicho, "continuar golpeando nuestra cabeza contra la pared" sin obtener resultados. Existe una distinción entre persistencia ("seguir intentando") y el *rigor*, que significa elegir un modo y mantenerlo. En el primero, nuestra energía está externamente enfocada en el resultado de lo que estamos haciendo y, en el segundo, estamos enfocados internamente en el modo en que lo estamos haciendo.

EMOCIONES: UN REGALO POR ABRIR

- **Pesimismo:** "sé que en la vida pasan cosas buenas o malas, pero a mí me suceden cosas mayormente malas". El *pesimismo* proviene de una raíz que significa "más bajo, último", lo cual lo deja bastante claro. El valor del *pesimismo* es que nos permite considerar qué puede salir mal y qué cosa mala puede suceder. Lleva nuestra atención a esa área en vez de ignorar la posibilidad, como podría suceder con el *optimismo*. Como estado de ánimo, puede evitar que hagamos algo porque comparte algunas cualidades con la *resignación* pero, como emoción, nos puede ayudar a tomar decisiones *prudentes* que tengan en cuenta toda la variedad de resultados posibles.

- **Petulancia:** ser *petulante* significa que confiamos en nuestra habilidad y tenemos un aire de superioridad. Tiene similitudes con la *arrogancia*, pero suele ser más sutil y su intensidad es inferior.

- **Precaución:** ser *precavido* significa "estar en guardia", lo que implica que creemos que hay un posible peligro en una situación. La precaución es usualmente conectada con una experiencia previa desagradable. La idea es que necesitamos dar pasos pequeños para construir confianza antes de dar el siguiente paso ya que en el pasado no nos sentimos seguros. La *precaución* y la *prudencia* son similares, la diferencia es que la *precaución* tiende a estar relacionada con la acción, mientras que la *prudencia* se relaciona más con tomar decisiones. El propósito de ambas es mantenernos seguros teniendo en cuenta el riesgo en consideración.

- **Prudencia:** cuando entras en una habitación oscura que no conoces, ¿cómo procedes? Es probable que no lo hagas corriendo. Es más, probable que te muevas paso a paso, sintiendo el camino. Esto es la

Capítulo 3: El significado de las emociones

prudencia en acción. En el pensamiento y a la hora de tomar decisiones, significa "prever", "anticipar la consecuencia" y "decidir con sabiduría". La prudencia nos permite movernos paso a paso y con previsión para no lastimarnos o crear situaciones indeseables.

- **Rabia:** cuando surge la rabia, señala que nos encontramos en una situación que nos parece injusta. No significa que la situación sea injusta, esa es nuestra interpretación. Si no tuviéramos esa interpretación, no sentiríamos *rabia*. La rabia es una de las emociones a las que más miedo le tenemos, porque la predisposición de la *rabia* es castigar a quien pensamos que es responsable. Cuando lo hacemos como una reacción fuerte, puede causar daño a la persona o a la relación. A veces, por esta razón, intentamos negar o esconder nuestra *rabia* en vez de encontrar un modo de canalizarla o navegarla. Muchas personas creen que la emoción de *rabia* es sinónimo del drama que a veces empleamos para expresarla, pero no siempre es el caso. La *rabia* puede ser expresada con calma, porque la historia de "injusticia percibida" es, de hecho, la parte más importante. El valor de aprender cómo *responder* a las emociones en vez de *reaccionar* ante ellas se ve muy claro con la *rabia*. El solo hecho de castigar la fuente de la injusticia no la remueve o elimina. Puede alimentar nuestro sentimiento de *justicia*, pero no será el modo más efectivo de manejar la situación. Reflexionar sobre lo que sería necesario para eliminar la fuente de injusticia puede llevar a acciones que pueden crear un cambio verdadero.

Imagina una vida sin rabia. La falta de rabia significa que no tenemos modo de saber cuándo creemos que algo es injusto, y, así, no sabríamos cuándo algo sí es justo. No seríamos capaces de defendernos de aquello que creemos que no es justo. Haríamos las cosas porque son apropiadas o divertidas, no porque creyéramos que es "lo indicado". Es probable que no tuviéramos sistemas que protegieran a los niños o a los animales, los derechos humanos no tendrían a la rabia como base emocional, y viviríamos en un mundo en el que "el poder hace la fuerza". Ese escenario es un prospecto aterrador. Antes de catalogar a la rabia como una de las emociones "malas", debemos detenernos y considerar cómo sería la vida sin ella.

- **Regocijo:** la predisposición en el *regocijo* es reír incontroladamente, estar alegre, estar feliz. Uno se *regocija* cuando se siente feliz al punto de no poder contener la energía emocional y, por consiguiente, la risa.

- **Remordimiento:** la historia que genera la emoción de *remordimiento* es que "lo que hice estuvo mal". No incluye necesariamente la razón por la que lo creo, solo que ahora siento que fue un comportamiento inadecuado. Generalmente, creemos que fue malo porque violó nuestros valores personales o los de la comunidad de la que formamos parte. Es por eso que el *remordimiento* a menudo ocurre junto a la *culpa* (violar nuestros propios estándares) o la *vergüenza* (violar los estándares de la comunidad). El propósito principal del *remordimiento* es llamar nuestra atención para ver cómo hemos estado actuando en cuanto a nuestros valores personales o culturales, y nos permite comunicárselo a otros.

- **Repugnancia:** literalmente "desagradable". Cuando decimos que una experiencia "nos dejó mal sabor", estamos dándole voz a la repugnancia. Cuando probamos algo que no nos gusta, nuestra reacción es escupirlo, que es la predisposición de la repugnancia o asco. Queremos deshacernos de o dejar de interactuar con esa persona o situación. Si

Capítulo 3: El significado de las emociones

una película nos *repugna*, querremos irnos, y si el comportamiento de una persona nos *desagrada*, querremos que se detenga o intentaremos alejarnos. La repugnancia nos dice lo que creemos que es "de buen gusto" o de buen comportamiento, y qué no lo es. Aunque es una emoción que todos los humanos compartimos, aquello que nos *repugna* depende en gran medida de nuestra constitución individual y cultural. Las comidas que son apreciadas en una cultura pueden ser *repugnantes* para otra. Lo mismo sucede con la demostración pública de cariño. En algunas culturas, el nepotismo es aceptado y considerado la norma, y en otras se considera como *repugnante*. Cada uno de nosotros ha desarrollado su propio diccionario de aquello que le *repugna*. Por ejemplo, si somos veganos comprometidos, puede que la idea de comer carne nos resulte *repugnante*. Si creemos en el autocontrol y vemos que alguien se emborracha en una fiesta, podemos sentir repugnancia. Sentir repugnancia no equivale a que la cosa o la persona estén mal o equivocadas, sino que nos informa sobre nuestras propias creencias y estándares de comportamiento. Entender esta distinción es muy útil porque nos trae información sobre nosotros mismos, inclusive cuando a menudo pensamos que nos está diciendo algo sobre la otra persona.

- **Resentimiento:** significa que creo que lo que ocurre o ha ocurrido no fue justo para conmigo. Por ejemplo, "no debería tener que trabajar después de los 60", "no debería haber sido despedido" o "trabajo duro toda la semana así que merezco buen clima el fin de semana". O significa que la vida debería ser distinta a mi favor: "debería tener una casa más grande" o "la gente debería apreciarme más". El foco principal es la injusticia. Yo creo que algo en la vida no es como debería ser y me resulta injusto. *Resentir* significa "volver a sentir" y esa es la experiencia que tenemos al volver a los pensamientos de injusticia una y otra vez. Aunque podamos quedar atrapados en estos pensamientos, el propósito principal del resentimiento es ayudarnos a distinguir entre lo que creemos que es justo de aquello que no creemos que lo sea. Desde allí podemos dar pasos para entender las cosas de otro modo o para corregir lo que creemos que deba ser corregido. Sin resentimiento, no sabríamos por dónde comenzar. Todos los reformadores sociales son movidos por el resentimiento, porque perciben que algo del status quo es injusto y no están dispuestos a aceptarlo.

- **Resignación:** básicamente, la *resignación* es la emoción en la que dejamos ir el poder y la esperanza. Es la historia de que "nada de lo que haga marcará la diferencia así que, ¿para qué intentar?". Aunque a menudo sea vista como una emoción muy negativa, posee un propósito muy útil; quizás necesitamos descansar y pueda ser la razón por la que dejemos un trabajo que nos agota. La *resignación* como emoción nos permite hacer justamente eso, porque su predisposición es retirarnos del esfuerzo. Como estado de ánimo, significará que vivimos una vida sin intentar acomodarla a como nos gustaría y no tenemos decisión sobre lo que pasa.

- **Respeto:** significa tener una estima alta sobre algo o alguien y considerarlos como legítimos. Creemos que esta persona o cosa merece crédito por quienes son y lo que hacen. En un marco de *respeto* escuchamos y consideramos seriamente aquello que el otro dice o hace. Aunque no es obligatorio que las *apreciemos*, las dos emociones suelen ir juntas. Cuando hacemos lo mismo por nosotros mismos, estamos practicando el respeto propio.

Capítulo 3: El significado de las emociones

- **Responsabilidad:** la *responsabilidad* puede considerarse tanto una emoción como un modo de comportamiento. Significa estar dispuesto a ser llamado a "responder", "responsable por nuestras acciones" o "aceptar las consecuencias de nuestras decisiones". Su finalidad es mantenernos "fieles a nuestra palabra" o mantener nuestras acciones alineadas con nuestros compromisos. Esto tiene el efecto de generar coherencia entre nuestro "ser" y nuestro "hacer", y nos da una identidad confiable. Vivir la emoción de *responsabilidad* es similar a ser *confiable*. Existen ciertas emociones y sus comportamientos consecuentes que creemos que todo el mundo conoce y sabe cómo realizarlas. La *responsabilidad* es una de ellas aunque, desde un entendimiento ontológico de las emociones, diríamos que nuestra capacidad de sentirla es aprendida e inclusive podemos verla como una habilidad. Debemos hacer notar que la *responsabilidad* por sí misma no nos convierte en "buenas" personas. Puedes ser *responsable* en cuanto a las reglas de una comunidad que requiera que mates a miembros desleales y, aunque seas absolutamente *responsable,* no significa que seas ético o solidario.

- **Reverencia:** "estar impresionados" y "honrar" son aspectos de la *reverencia*. La historia de algo que *reverenciamos* es que tiene importancia, provoca miedo y es más grande que nosotros. *Reverenciar a* la naturaleza o deidades admite la relación que tenemos con ellos. La *reverencia*, como el *asombro*, nos muestra aquellas cosas que creemos que están más allá de la escala humana y a menudo de las cuales somos parte.

- **Sacrificio:** ¿qué vemos cuando alguien se sacrifica por otros? Casi siempre vemos una persona ayudando a otra. Eso podría describir muchas emociones —*cuidado, servicio, compasión*— entonces, ¿cómo sabemos cuándo es *sacrificio* y no otra cosa? La clave es escuchar la historia que cuenta la persona que ayuda sobre el impacto de sus acciones en sí misma. Lo que hace que el acto de ayudar a otro sea un *sacrificio* es que nos agota. A diferencia del *servicio*, que nos energiza, el sacrificio reduce nuestra energía y resiliencia. Eso no hace que el *sacrificio* sea una emoción "mala" lo que significa es que, si vivimos en el sacrificio como estado de ánimo, este no es sostenible. El *sacrificio* suele ser visto como noble, heroico o signo de amor, y puede serlo, pero eso no cambia su naturaleza de ser insostenible. Si tomamos el caso extremo de un padre que salva la vida de su hijo hundiéndose él mismo, tenemos tal ejemplo. Fue una elección hecha libremente y la mayoría de nosotros lo consideraríamos un acto supremo de amor. Es también un ejemplo no sostenible o, como a veces lo llamamos, "el sacrificio máximo".

Muchas veces, las personas que se encuentran en situaciones en las que su rol es ayudar a otros —padres, proveedores de atención médica, trabajadores sociales, educadores, cuidadores—, no entienden por qué están exhaustos de hacer un trabajo que realmente les interesa. La respuesta puede estar en desconocer la distinción entre el *servicio* y el *sacrificio*. La única diferencia importante a nivel ontológico es que el primero nos nutre y el segundo nos consume. Su apariencia externa y el modo en que los pensamos son iguales, pero el impacto es distinto.

Una historia del autor ilustra este ejemplo (Dan): mi madre era educadora, mi padre ministro de iglesia, y éramos cinco hermanos. Yo veía que mis padres ayudaban constantemente a otros. Cuando hablaban de su trabajo, solo lo llamaban *servicio* y nunca escuché la idea de *sacrificio* en mi hogar. Por lo tanto, crecí sin saber que existía una distinción entre ambos. Cuando veía *sacrificio*, pensaba que era *servicio*. Una vez que comencé a trabajar, continué con ese patrón y no fue hasta que

Capítulo 3: El significado de las emociones

terminé exhausto que aprendí a diferenciarlos. Saber que tenía opción y que ambas eran emociones válidas para actuar, marcó una diferencia enorme en el cuidado de mí mismo y mi estado de ánimo. Antes me encontraba en *resentimiento*, creía que no tenía otra opción que hacer el trabajo que me agotaba. Aprender que no era así, que podía elegir libremente cuándo quería *sacrificarme* y cuando *serviría*, cambió profundamente el modo en que vivo mi vida.

- **Satisfacción (e insatisfacción):** apoyándonos en la idea de que cada emoción nos ofrece información, podríamos preguntarnos qué nos dice la satisfacción. *Satis* significa "suficiente" y *dis-* + *satis* significaría "no suficiente". Ontológicamente, ambas pueden ser vistas como mensajeras de aquello que consideramos que tenemos suficiente en la vida, y aquello que creemos que nos falta. Entonces, la satisfacción no nos dice que "tenemos todo lo que queremos" o que "tenemos todo lo que querríamos tener", sino que "tenemos suficiente". Es común que la gente confunda la insatisfacción con quejarse o lloriquear, pero son cosas distintas. La *insatisfacción* significa que "no tengo suficiente" de algo y la *queja* es válida únicamente si está conectada con una promesa incumplida. El *lloriqueo* es una simple expresión de que "no me gusta como es la vida".

Dicho esto, ¿qué propósito cumplen la *satisfacción* y la *insatisfacción*? En un nivel básico, nos dicen si creemos que ya hemos comido suficiente o no, si tenemos suficiente calor o no, si tenemos suficiente dinero o no. Detrás de esto, tienen conexión con nuestro propósito como seres humanos. La gente que se siente *satisfecha* con su vida, se involucra en actividades que les permiten compartir sus dones y talentos. Cuando las personas se quejan por *insatisfacción* en su trabajo, a menudo es porque no cuentan con esta oportunidad. Entonces, la *satisfacción* es una especie de brújula emocional que apunta a nuestra razón de estar aquí.

- **Sensual:** viene del latín y significa "de los sentidos" o algo que experimentamos a través de nuestros sentidos. Con el paso del tiempo obtuvo una connotación menos pura que comenzó a incluir actividades físicas que eran consideradas vergonzosas. En otras palabras, surgió una conexión con actividades sexuales. La palabra *sensual* fue creada alrededor de 1640 por John Milton para intentar volver a capturar el significado original de algo que experimentamos con los sentidos. Hoy no solemos distinguirlos, ni siquiera somos conscientes de la diferencia. Ambas emociones nos permite poner nuestra atención y apreciación en las experiencias físicas de la vida.

- **Sentimental:** del latín medieval, significa "sentimiento o afecto". Ser *sentimental* significa tener un acercamiento dulce o afectivo y pensar en el mundo y en las relaciones de esta manera.

- **Seriedad:** la emoción *seriedad* nos permite considerar las cosas seriamente. En determinados contextos, consideramos que esta emoción es más *confiable* que otras emociones. Por ejemplo, un banquero que no sea capaz de tener *seriedad* en sus interacciones probablemente no brinde confianza como uno que muestra que sí puede. En estudios científicos, es una emoción que sirve para enfocarse en un estudio serio y atento.

- **Servicio:** aunque el *servicio* se originó con la palabra latina "esclavos", esta no continuó teniendo el mismo significado. Entendemos al *servicio*

Capítulo 3: El significado de las emociones

como "el cuidado de otros". Un aspecto importante es que, en el acto del *servicio*, nos sentimos nutridos. Esto contrasta con el *sacrificio*, en el que estamos al cuidado de otros, pero nos agotamos en términos de energía. La confusión llega porque las acciones en ambas son similares, y es la historia o el impacto para nosotros personalmente lo que hace la diferencia.

- **Simpatía:** la *simpatía* es la emoción que nos permite entender las emociones de otros porque hemos sentido algo similar. Significa "sentimiento hacia el otro" o "sentimiento comunitario". En la *simpatía* podemos resonar con la emoción de la otra persona sin hacernos cargo de ella, que es lo que ocurre en la *empatía*. Podemos pensarla como un paso medio hacia la emoción de la otra persona. Podemos entender su experiencia pero no la estamos transitando. No estás desconectado pero tampoco estás fusionado con el otro. El valor de la *simpatía* es que podemos estar con la otra persona y puede sentir que la entendemos, pero aún podemos mantener nuestra independencia emocional. Esto permite tener conversaciones que la *empatía*, la *pena* y la *compasión* no permiten.

- **Sinceridad:** "entero", "puro," y "no adulterado" son algunas de las descripciones del latín. Ontológicamente, ser *sincero* significa que lo que piensas en privado es lo mismo que dices en público. Eres transparente y no tienes intenciones ocultas. Es una emoción esencial a practicar en términos de construir *confianza*. Dado que podemos sentir emociones sobre emociones, hay personas que son *sinceras* acerca de su creencia de que son *sinceras*, pero no son capaces de ser *sinceras* porque no hay una coherencia entre lo que piensan y dicen. La *sinceridad*, como otras emociones, puede ser aprendida y fortalecida con la práctica.

- **Soberbia:** la *soberbia* tiene su poderoso origen en el griego y significa "presunción hacia los dioses". En otras palabras, una persona *soberbia* se imagina a sí misma por encima de otros seres humanos y como un ser divino. A partir de esa creencia nacen acciones imprudentes que conducen a una caída cuando la persona descubre que es humana como todos. La *soberbia* supera a la *arrogancia*, en el hecho de pensar en nosotros mismos como mejores o moralmente superiores a otras personas. El valor de la *soberbia* es que nos ayuda a entender los límites de nuestra humanidad, que es aquello que lo hace tan atractivo como la moral de muchas historias clásicas.

- **Soledad:** esta emoción y la que sigue suelen ser confundidas y es de gran valor entender la diferencia. Ambas tienen que ver con estar solo, pero en una no nos sentimos completos, y en la otra nuestra plenitud no está determinada por la compañía de otros. *Soledad* significa que estamos solos y por tanto sentimos que estamos incompletos. La predisposición sería buscar a alguien para completarnos. Es probable que, inclusive cuando encontremos a alguien con quien compartir, continuemos sintiéndonos incompletos si no salimos de esta emoción.

- **Solitario:** cuando estamos solos y nos sentimos completos, estamos en la emoción de *solitario*. La historia es que nos sentimos plenos ya sea que estemos con otros o en nuestra propia compañía. Cuando estamos *en solitario*, sentirnos completos no depende de que otros sean parte de nuestra vida. Su predisposición es movernos en la vida como elijamos y, si encontramos a otros que disfruten de lo mismo, será una sorpresa agradable, pero nuestra felicidad no está en manos de ello. Esta emoción puede ser pensada como "el vaso medio lleno", mientras que la soledad es "el vaso medio vacío".

Capítulo 3: El significado de las emociones

- **Sorpresa:** la raíz latina significa "sobrepasar", que es lo que nos sucede al sentirla. Nuestra conciencia es sobrepasada por algo que no esperábamos. La predisposición de la *sorpresa* es chequear hechos o nuestro entendimiento. Como algunas otras emociones, la *sorpresa* no es necesariamente positiva o negativa, sino que describe la experiencia del mundo cuando nos sobrepasa de algún modo.

- **Sospecha:** la *sospecha* es la emoción que desafía nuestra *confianza*. Nos pone al tanto de que existe la posibilidad que nuestra confianza se esté perdiendo o deba ser reexaminada. Esa es la predisposición de la *sospecha*. Sentir *sospecha* no significa que el otro esté equivocado o que nosotros estemos en lo cierto, sino que tenemos una duda sobre nuestro modo anterior de entender que nos lleva a investigar. Sentir *sospecha* no nos da el derecho de acusar al otro pero su mensaje sugiere que puede que haya preguntas que valga la pena hacer.

- **Temor:** la raíz de la palabra *temor* proviene de Europa del norte y combina *terror* y *reverencia*. Aquello que nos produce *temor* nos *asusta* y nos inspira *respeto*. Esta es una emoción a menudo asociada con encuentros con lo divino o con eventos naturales intensos como huracanes, terremotos o volcanes en erupción. Nos atraen, a veces tremendamente, y al mismo tiempo nos atemorizan. Es claro que la expresión coloquial *asombroso* deriva del significado original, pero ha perdido su profundidad.

- **Templanza:** la *templanza* es la emoción que nos permite acercarnos a "ser objetivos" más que cualquier otra. Cuando decimos que necesitamos ser objetivos no estamos diciendo que necesitamos erradicar las emociones, sino que necesitamos "neutralizar nuestras emociones" para poder hacer uso de nuestra razón lo más que podamos. En griego, *templanza* significa "separarnos de la pasión o las emociones". Podemos pensarla como la otra cara de la moneda de la *compasión*, en la que "acompañamos la emoción o dolor". En la *templanza* hacemos lo mejor que podemos para actuar desde un lugar neutral emocionalmente, inclusive cuando no es absoluto.

- **Ternura:** del latín "suave o tierno", es la emoción por la que cuidamos de otros. La historia de la *ternura* es que "me siento seguro y seré tratado cuidadosamente en presencia de esta persona". Dado que la *ternura* suele tener que ver con tratamiento físico y porque promueve la intimidad, puede ser confundida con el *erotismo* o la *sexualidad*. Como consecuencia, cuando una cultura le teme a esas emociones, puede hacer que se vea a la *ternura* con sospecha. La línea entre esas emociones tiene que ver con la historia (o intención) de la persona que la ofrece. Y esas líneas pueden volverse borrosas y, a veces, cruzarse.

- **Terquedad:** la raíz de la palabra *terco* no es clara, solo sabemos que no es latina. Significa que "creo que no puedo cambiar". Mi predisposición será permanecer fijo en mi lugar o mi idea. La *terquedad* nos sirve para tomar posición sobre aquello que creemos que es correcto, o para ser *leales*. Por otro lado, puede interponerse en el camino del aprendizaje o el cambio y mantenernos en la oscuridad. Está relacionada con la *persistencia*, pero se trata de mantenerme donde estoy más que impulsarme hacia adelante.

- **Terror:** su significado literal es "estar lleno de *miedo*". Mientras que la *ansiedad* es la creencia de que algo puede suceder y puede que me

Capítulo 3: El significado de las emociones

dañe pero la fuente del daño no es clara, el *terror* es la creencia de que algo puede pasar y puede dañarme, y la fuente del daño puede estar en cualquier lado. En otras palabras, ningún lugar es seguro. Su valor para los anarquistas, o lo que ahora llamamos terroristas, es obvio. En el *terror* nos inclinamos a no hacer actividades que nos involucren con el mundo como, por ejemplo, reuniones sociales, celebraciones y viajes, para sentir una seguridad más grande.

- **Timidez:** cuando sentimos miedo de la vida en general, podemos vernos como *tímidos*. Es la historia de que muchas o la mayoría de las cosas conllevan cierto peligro y es mejor evitarlas. Por supuesto, nuestra predisposición es a escondernos o esfumarnos. El valor de la *timidez* es que, si de verdad nos encontramos en una situación peligrosa, o nos sentimos débiles e incapaces de enfrentar los desafíos de la vida, nos mantiene a salvo.

- **Tolerancia:** cuando somos *tolerantes*, pensamos que no estamos de acuerdo con la otra persona pero "aceptaremos lo que dicen hasta que se den cuenta de que tenemos razón". A veces hablamos de las emociones de *tolerancia* y *aceptación* de manera intercambiable, pero son muy diferentes. Mientras que la *aceptación* es reconocer algo y no necesitar cambiarlo, la *tolerancia* implica que queremos que la otra persona cambie y estamos esperando que lo hagan. Ambas tienen que ver con nuestra capacidad de relacionarnos con otros, pero la *tolerancia* tiene una vara mucho más baja. Significa "tragar" o "soportar".

- **Traición:** sentirse *traicionado* proviene de creer que alguien "te ha entregado al enemigo" secreta e intencionalmente. Cuando descubres el engaño, se dispara esta emoción. El propósito de la misma es ayudarnos a distinguir aquellos que nos son leales de aquellos que no lo son. Es un indicador que nos permite saber en quién podemos confiar y en quién no.

- **Travieso:** visto como el opuesto de "lograr", *dañino,* implica problemas, daño y desgracia. El significado ha evolucionado con el paso del tiempo, ahora es más ligero y describe a una persona alborotadora más que un problema. La predisposición de aquel que es *travieso* es engañar a la gente para que piensen que algo está mal cuando no es así. Es una emoción que nos permite ser bromistas y romper el hielo en una situación excesivamente seria.

- **Tristeza:** la *tristeza* es una emoción que no solemos aceptar. Cuando la sentimos, intentamos distraernos y nuestros amigos también intentarán hacerlo. Si tomáramos la interpretación de que la *tristeza* nos informa que "he perdido aquello que me importa", podríamos ver que la *tristeza* es esencial para comprender lo que consideramos es importante. Estoy triste porque mi auto estuvo involucrado en un accidente, la emoción me dice que perdí algo que me importa. Quizás lo que apreciaba era su belleza, o quizás apreciaba lo valioso de poseer un automóvil en el que desplazarme y lo he perdido, aunque sea temporalmente. O puede ser que tendré que pagar un deducible en mi seguro y pensaba usar el dinero para otra cosa. Si un amigo con el que me reúno una vez al mes a tomar un café se muda a otra ciudad, quizás me sienta *triste* por la pérdida de la posibilidad de tomar café juntos. No he perdido a mi amigo ni he perdido la posibilidad de tomar café, solo de hacerlo de un modo en que era importante para mí. Una gran parte del *miedo* que sentimos

Capítulo 3: El significado de las emociones

con la *tristeza* está asociado con la *creencia* de que, de permanecer en ella mucho tiempo, caeremos en depresión. Ontológicamente, esto no suele ser una preocupación, dado que entendemos a la depresión como una emoción más cercana a la *desesperanza*. Este es un buen ejemplo de la importancia de tener distinciones claras entre las emociones.

- **Trivialidad:** la palabra *trivialidad* viene del latín *trivialis* y significa "común, corriente o vulgar". Cuando *trivializamos* algo, le quitamos su importancia y belleza. No somos capaces de brindarle una seria consideración. *Trivializar* es un modo de evitar algo importante que no queremos enfrentar. En ese sentido es similar a la *negación*, pero es activa. Puede tener valor cuando la empleamos para descartar la importancia de algo y de este modo permitirnos continuar, pero puede interponerse en el camino del aprendizaje y las relaciones. En la *trivialidad*, nuestra predisposición es a ridiculizar o burlarnos de otros y sus ideas.

- **Valentía:** significa que "tenemos el corazón para actuar inclusive frente al miedo". Eso no significa que hagamos algo necesariamente, pero podríamos si quisiéramos. La *valentía* puede ser pensada como la emoción que nos permite actuar por nuestro *coraje*. Su relación con el *miedo* hace que la valentía sea una emoción muy individualizada. Si no *temes* hablar en público, no necesitas *valentía* para presentar una conferencia. Si no *temes* ahogarte, no necesitarás *valentía* para nadar en el océano. Si escuchamos con atención a la gente, sabremos a qué le *temen* cuando hablan de otra gente que actúa con *valentía*.

- **Vergüenza:** la *vergüenza* es la emoción que se ocupa de nuestra identidad pública. Aparece cuando somos conscientes de que hemos roto las reglas o los estándares de nuestra comunidad. Nuestra predisposición es escondernos de esa comunidad. No significa necesariamente que lo que hayamos hecho esté mal moral o éticamente, sino que está mal bajo los estándares de la comunidad de la que formamos parte. Esto es particularmente importante comprenderlo cuando estamos considerando organizaciones, culturas o naciones. Si el estándar dentro de una organización o industria es que "consigue todo lo que puedas, lo necesites o no y sin importar las consecuencias" (cosa que describe la emoción de la *codicia*), actuar de este modo no provocará *vergüenza* en esa comunidad. De hecho, lo opuesto es verdad. Si no te comportas *codiciosamente*, estarás actuando en contra de las normas y probablemente te sientas avergonzado, u otros piensen que deberías sentirte avergonzado. Entonces, vemos que la vergüenza tiene un rol fuerte en mantener la cultura de un grupo y mantener sus comportamientos alineados.

Una nueva visión de la ansiedad

El aprendizaje emocional que ha sido más útil tiene que ver con la ansiedad y las distinciones que aprendí entre ansiedad, miedo y duda. Había estado viviendo con una gran cantidad de ansiedad por mi salud y, por lo tanto, por mi futuro. La ansiedad puede ser definida desde la ontología como "el miedo de alguna (s) amenaza (s) desconocida (s) desconocidas". Lo que aprendí de Dan es a reflexionar y ver si puedo cambiar de ansiedad a miedo o duda. Al pasar de la ansiedad al miedo hacia alguna amenaza específica, soy capaz de hacer algo al respecto para resolver o mitigar la amenaza. Al transformar la ansiedad en duda, puedo ver que es algo que no he hecho antes y, por lo tanto, la duda no está injustificada. A partir de allí puedo decidir si traigo la valentía para adentrarme en territorio desconocido. Ahora veo a la ansiedad como un punto de partida más que como un lugar donde me atasco, un llamado a la investigación y a la reflexión para identificar exactamente qué es lo que me causa la preocupación.

—C.R.

Incorporando las emociones a mi coaching

Soy coach ejecutivo y aprendí del modo tradicional, usando la conversación como mi herramienta principal. No creía que pudiera introducir las emociones en mi coaching, especialmente porque se hacía en una sala de reuniones con paredes de vidrio, y otros empleados podían ver al coachee. No sabía qué haría si el coachee sentía rabia o comenzaba a llorar. Lo que aprendí a entender a través de mi entrenamiento sobre emociones con Dan y Lucy es que trabajar con las emociones es mucho más sutil que hacer llorar a alguien.

Aprendí que ser capaz de escuchar las emociones específicas que el coachee expresaba me permitió retroceder con ellos, tomar perspectiva para invitarlos a que se cuestionaran su interpretación de los eventos. Entonces, juntos, podíamos determinar si su interpretación era verdadera o solo algo que ellos creían que era verdad. De este modo, fueron capaces de aprender a cambiar sus emociones y abordar sus problemas de maneras diferentes. Fue, para mí, una gran aportación a los métodos y herramientas que ya utilizaba. Me permitió hacer coaching de manera mucho más efectiva y, según mis coachees, los ayudó a aprender sobre sí mismos a nivel emocional. Como nota de color, ahora tengo coachees que me piden que trabajemos en el área del aprendizaje emocional porque, luego de una evaluación de 360º y otras interacciones, fueron conscientes que ésta es un área de debilidad para ellos. Y, en este dominio, aun los pasos más pequeños hacen una gran diferencia.

—M.O.

Capítulo 4

GRUPOS EMOCIONALES

Algunas emociones son muy similares, lo cual puede facilitar su confusión o quizás no podamos distinguirlas con claridad. Los autores las llaman *grupos emocionales* y pueden ser pensadas como racimos de uvas. Estas emociones son diferentes pero no es inusual encontrarlas juntas. A veces, la manera de distinguir una de otra es a través de la historia, ya que la manera como se sienten es muy similar. Otras veces, la distinción puede identificarse en sus diferentes predisposiciones.

En esta sección describiremos brevemente cómo estas emociones se relacionan entre ellas, pero debemos aclarar que son la base de un trabajo mucho más profundo que realizamos con los clientes cuando las empleamos en el coaching. Tan solo un set de emociones puede, a veces, ser la base de varias sesiones de coaching, hasta que el cliente las comprende y comienza a aplicarlas en su propia vida.

Los siguientes son grupos que encontramos regularmente en nuestro trabajo:

- **Aceptación, indiferencia, ambivalencia y resignación:** si hubiera un premio para la emoción "más incomprendida", votaríamos por la *aceptación*. Primero que nada, confundimos la *aceptación* con el consentimiento o la rendición. En segundo lugar, la vemos como una emoción pasiva, cuando puede movernos poderosamente de una emoción o estado de ánimo a otro. *Aceptación* significa "reconozco que esto es como es". No estoy de acuerdo con cómo es. No me resisto a cómo es. No estoy respaldando que sea así. Simplemente estoy diciendo que comprendo que sea así. La aceptación se encuentra entre las emociones de *resignación* y *ambición*. No podemos movernos de una a la otra sin atravesar la *aceptación*. La *aceptación* es el indicador de "usted está aquí" en el mapa de las emociones. En cuanto a si es pasiva o no, es verdad que no hay acciones asociadas a ella, pero es erróneo pensar que tenemos que "esperar que la *aceptación* aparezca" cuando somos completamente capaces de declarar nuestra *aceptación* en una situación, en la que ya no queremos depositar nuestra energía.

Indiferencia significa que "una opción no me atrae más que otra". *Ambivalencia* significa que "podría ser de ayuda si hacemos una cosa o hacemos otra cosa" y quiere decir que "el viento sopla en ambas direcciones". *Resignación* significa que "creo que nada de lo que haga marcará la diferencia, así que no pondré energías en intentarlo". De las tres, la *resignación* es la que más se confunde con la *aceptación*, ya que ninguna tiene acciones físicas asociadas, excepto la quietud o sosiego. Inclusive lingüísticamente suenan parecidas. Cuando alguien dice "lo que sea", puede estar en *aceptación* o *resignación*, e inclusive en *indiferencia* o *ambivalencia*. El único modo de distinguirlas es investigar la historia profunda de la persona que habla.

- **Alegría y excitación:** la diferencia principal entre estas dos emociones tiene que ver con el nivel de energía y su sostenibilidad. La alegría puede ser vista como un "sentimiento profundo de bienestar", mientras que la excitación es "actividad con energía elevada". Ambas son consideradas emociones "buenas", de las que uno busca, aunque, en tiempos modernos, solemos elegir la *excitación* por encima de la *alegría*. Ontológicamente, la *alegría* es sostenible indefinidamente y la *excitación* requiere niveles cada vez más altos de energía para ser sostenida. Esto puede verse en la aparición de los deportes extremos como ejemplo social. La *alegría* tiende a ser más común en personas introvertidas, mientras que la *excitación* en extrovertidas. Esto tiene sentido dado que la gente introvertida busca la satisfacción en experiencias que brindan significado interno, mientras que la gente extrovertida encuentra su satisfacción en estímulos externos. A partir de esto, no es poco común que la gente introvertida ansíe vivir algo más de *excitación,* y que la gente extrovertida intente sentir más *alegría*.

- **Ambición y entusiasmo:** la energía de la *ambición* y el *entusiasmo* pueden parecer similares somáticamente e incluso lingüísticamente, razón por la cual pueden ser confundidas. *Ambición* significa que voy a tomar acciones para ganar algo por mí mismo. *Entusiasmo*, del griego *en theos*, significa "conectado con los dioses". Como emoción, la *ambición* es mucho más acerca de mí o nosotros como seres humanos, mientras que el *entusiasmo* es un compromiso con una causa mayor que yo o nosotros mismos. Esto marca la diferencia en términos de sostener la energía y mantener el foco. La *ambición* puede consumirnos ya que la energía proviene de nuestra humanidad. Podemos ser consumidos por nuestra *ambición* y perder de vista cualquier causa o propósito mayor que brinda el *entusiasmo*.

- **Ansiedad, miedo y duda:** estas tres emociones suelen sentirse similares en el cuerpo y, por lo tanto, se confunden. Las tres presentan tensión somática, respiración poco profunda e indecisión, pero difieren en sus historias. Ansiedad significa que "hay algo que puede suceder y me va a herir o hacer daño, pero no estoy seguro de cuál es la fuente", miedo significa que "algo puede causarme daño y conozco la fuente", y la duda nos dice que "no estoy seguro de que vaya a triunfar porque nunca antes lo he hecho".

Cuando tenemos que hacer una presentación frente a cien personas, ¿cuál de estas emociones es la que nos desafía? Si nunca hemos hecho una presentación ante un grupo tan grande o sobre ese tema, quizás es la *duda*. Si hemos pasado por la experiencia de haber sido ridiculizados al hablar en público en el pasado, quizás es *miedo*. Si es que tenemos un sentimiento incómodo que produce pensamiento circular, llamamos *ansiedad* a la preocupación que estamos sintiendo. Ninguna se siente muy bien así que, ¿para qué ocuparnos de entenderlas y no de evitarlas? El problema con intentar descartarlas es que son parte de nosotros, así que no podemos deshacernos de ellas. De todos modos, sí podemos entender qué intentan comunicar, podemos navegarlas e inclusive emplearlas como soporte.

La *duda* me dice que "estoy en territorio nuevo, así que no asumas que sabes o que estás preparado". Si recordamos el ejemplo de la presentación, una vez que escucho el mensaje de la duda y reconozco que es un territorio nuevo y que he "considerado todas las posibilidades", puedo agradecerle a la duda por su apoyo y poner mi atención en la experiencia que quiero crear en mis oyentes. El *miedo* me alerta sobre una cosa específica que puede o que creo que podría suceder por alguna experiencia pasada. Un modo de distinguir ambas emociones es hacernos preguntas como: ¿es la misma situación? ¿Soy la misma persona? ¿Es verdaderamente una posibilidad que 'esa cosa' suceda aquí? ¿Qué podría hacer para asegurarme de que no sea así? ¿Cuán preparado puedo estar? La *ansiedad* me dice que considere que hay cosas que no puedo identificar y que podrían hacerme descarrilar. ¿Hay alguien a quien pueda preguntarle qué le está faltando a mi presentación? ¿Cómo podría ver aquello que quizás no puedo ver? Cada una de estas emociones existe por su propia razón y están, a su modo, intentando ayudarme o cuidarme. La razón por la que estas emociones son incómodas es que deben llamar mi atención. Si se sintieran bien o neutrales, no les prestaría atención como hago cuando me incomodan. El malestar tiene un propósito, y ese propósito tiene que ver con brindarme apoyo.

- **Celos y envidia:** estas dos emociones están relacionadas y se confunden porque tienen fuertes historias asociadas con ellas. Los *celos* y la *envidia* entran en la categoría de "malas emociones", por lo que nos sentimos incómodos al reconocerlas, incluso a nosotros mismos. Los *celos* significan que "tengo miedo de perder a alguien o algo que me importa". La *envidia* significa que "hay algo que tú posees y quiero tenerlo en mi vida". La envidia profunda puede incluir que yo piense que lo merezco más que tú y te lo quiero quitar, aunque, vista así, comienza a moverse hacia la *venganza*. Al igual que la *culpa* y la *vergüenza*, estas dos emociones tienen mensajes que comúnmente pasamos por alto. Si siento *envidia* de algo que eres o tienes, el mensaje es que me gustaría tener eso en mi vida. Cuando digo que algo es mi "objeto de deseo", estoy expresando *envidia*. Si escucho el mensaje de la *envidia*, puedo no hacer nada al respecto o puedo comenzar a diseñar una estrategia de cómo crear algo parecido en mi vida. En realidad, lo que sea que seas o tengas no encajará en mi vida, así que simplemente robarlo no resolverá la *envidia*, aunque a menudo pensemos que sí. Los *celos*, por otro lado, me dicen que "considere si realmente poseo aquello que temo perder, y reflexione acerca de cómo crear un vínculo más fuerte que la propiedad" (como en una relación). Intenta decirme que algo o alguien me es de mucha importancia y que no subestime ese hecho. A menudo nos expresamos mal diciendo que "estamos celosos de" otra persona cuando, en realidad, estamos sintiendo *miedo* de que alguien más será visto como más atractivo de lo que nosotros somos y, por lo tanto, perderemos a la persona que nos importa.

- **Compasión, empatía, simpatía, lástima:** estas cuatro emociones son regularmente usadas de modo intercambiable o son vistas como la misma cosa, pero no lo son. La *empatía* es la capacidad de compartir o sentir la misma emoción de otro, la *simpatía* es "puedo entender tu emoción pero no la vivo", *la compasión* es estar presente con la otra persona sin que adoptemos o juzguemos su emoción, y la *lástima* es ser consciente de las emociones o necesidades del otro y creer que necesitan ayuda porque somos superiores de algún modo. Tienen aplicaciones diferentes en las relaciones. La *empatía* nos sirve cuando un amigo está muy triste y simplemente queremos conectarnos con él emocionalmente. La *simpatía* nos permite entender la emoción del otro, lo cual puede ayudarnos a determinar qué acciones pueden ser apropiadas, como enviar una tarjeta o reconocimiento de algún tipo. La *compasión* nos permite legitimar la emoción del otro sin "caer en ella" o "sentirla como propia" y, por lo tanto, es extremadamente útil en el coaching o el liderazgo. La *lástima* nos señala que otros necesitan nuestra ayuda: por ejemplo, cuando vemos que un perro fue atropellado por un auto y nos damos cuenta de que sin nuestro conocimiento superior sobre qué podemos hacer por él, sufrirá o tal vez morirá. La *lástima* y la *compasión* en particular pueden ser sentidas hacia nosotros mismos. *La lástima por uno mismo* es creer que no puedo continuar sin el apoyo o la atención de otra persona, y la *autocompasión* significa conectar con mis emociones sin juzgarlas o intentar cambiarlas. En este caso, la *autocompasión* y la *autoaceptación* son muy cercanas.

Cada una de las cuatro tiene sus límites. La *empatía* puede no estar disponible para nosotros en todas las situaciones. Probablemente no sea posible que un hombre *empatice* verdaderamente con una madre que ha perdido un hijo. Como padre, podría sentir *simpatía* si ha pasado por una pérdida similar pero, dado que no ha pasado por la gestación y el parto de un niño, la *empatía* no será completamente real. Esto no lo hace menos comprensivo sino que cuenta con emociones que son diferentes. En algunos casos no somos capaces de sentir *simpatía* porque no hemos pasado por una experiencia similar para poder relacionarlas. Por ejemplo, si cada noche de mi vida he tenido un hogar al cual volver, puede que no tenga la habilidad de *simpatizar* con alguien que no tenga un techo. Podría sentir *compasión, cuidado, preocupación* o *lástima*, pero no *simpatía*. La *compasión* requiere que yo pueda mantener mi propio centro emocional y, al mismo tiempo, aceptar y reconocer la emoción del otro. Es una habilidad que no todos han desarrollado.

■ **Confiar y gustar:** muchas veces, los líderes dirán que la gente que integra sus equipos debe llevarse bien entre ellas para poder trabajar juntas. Para lograrlo, organizan picnics o eventos que alientan a los empleados a interactuar y gustarse. Un hecho interesante es que resulta que la *confianza* no tiene nada que ver con que el otro nos *guste* o no y, por lo tanto, podemos tener una sin la otra. *Confiar* en alguien significa que estamos dispuestos a interactuar con esa persona. Si tomamos el ejemplo de un conductor de taxi, podemos ver que debemos confiar en que él o ella llegará al aeropuerto —*confiar* significa que creemos que él o ella es sincero, competente y confiable—, pero no tiene que gustarnos. Dado que es poco probable que lo conozcamos previamente, el que nos *guste* es una emoción improbable. Si lo conocemos y también nos *gusta*, mucho mejor, pero no es condición necesaria para contratarlo para que nos lleve al aeropuerto. A veces tenemos amigos que nos *gustan* pero en quienes no *confiamos*, por ejemplo, en que sean puntuales. Disfrutamos estar con ellos pero sabemos que no son confiables en el campo de la puntualidad.

La distinción entre gustar y confiar es importante en toda relación, y es útil pensar en cuál emoción nos sirve más en cada relación y circunstancia. Es importante *confiar en* y ser *confiable* para nuestro jefe, pero la gente comúnmente pone más energía en *gustar* a y caer bien a su jefe por la creencia errónea de que trabajar (coordinar acciones) con él o ella será más fácil. Podría darse el caso que un jefe diera un aumento de sueldo a alguien porque esta persona le cae bien, en cuyo caso puede ser importante enfocarse en ello. En la relación con los hijos, ¿es más importante que exista *confianza* o *gusto*? A veces decidimos que es el *gusto* porque lo vemos como una forma de *amor* (sobre el que ya hablamos), pero el agrado solo no construye *confianza*, y la *confianza* es lo que necesitamos para interactuar con confianza.

- **Valentía y audacia:** la valentía es la habilidad de actuar en presencia del *miedo*; la *audacia* es hacer algo cuando sentimos que existe peligro. En cierto sentido, podemos pensar que la valentía es la emoción que necesitamos cuando enfrentamos miedo y tenemos que responder, y la *audacia* es la emoción que nos permite continuar libremente en situaciones que pueden presentar un peligro.

- **Culpa y vergüenza:** la *culpa* y la *vergüenza* son emociones que intentamos evitar por la manera cómo las sentimos. Si podemos aceptar la incomodidad que nos provocan como su modo de llamar nuestra atención, puede que descubramos que la *culpa* nos dice cuándo hemos traspasado nuestros valores personales, mientras que la *vergüenza* hace lo mismo con los valores sociales. El mensaje importante que nos perdemos cuando nos quedamos en "sentirnos mal" es lo que nosotros consideramos la buena noticia y es el reconocer que tenemos valores fuertes y queda claro cuáles son. La *culpa* y la *vergüenza* nos muestran que somos conscientes de nuestros valores o los de nuestra comunidad y nos permiten saber cuándo creemos que los hemos traspasado.

  La *culpa* y la *vergüenza* son buenos ejemplos de emociones sobre las que tenemos emociones. No compartimos nuestra emoción de *culpa* porque creemos que va en contra de las reglas de la comunidad y, entonces, sentimos *vergüenza*. Es importante aprender el patrón de una emoción eclipsando a la otra, porque nuestra emoción principal puede ser enmascarada por otra y, por tanto, no podremos interpretar su mensaje. Por ejemplo, si sentimos injusticia, nuestra reacción sería sentir *rabia* pero, si sentimos *verguenza* por estar *rabiosos*, actuaremos desde la verguenza y nos perderemos aquello que la *rabia* intenta comunicarnos.

- **Gustar y amar:** ontológicamente, que a uno le *guste* alguien significa que disfrutamos estar en su compañía y nos gustaría continuar así. Puede que la disfrutemos porque es divertida, excitante e inclusive desafiante; hay algo que nos gusta. El *amor* tiene muchas, muchas interpretaciones, pero la que parece más adecuada a nivel ontológico es "la habilidad de aceptar a alguien como el ser humano legítimo que es". Puede ser pensado como la combinación de *aceptación*, *dignidad* y *respeto*, en la que *aceptación* significa que reconocemos que la otra persona "es como es", *dignidad* significa que creemos que la otra persona es "suficiente como es", y *respeto* significa que "valoramos a la otra persona como es". Podemos ver que *amar* a alguien no implica solo que disfrutamos compartir con esa persona, sino que la respetamos y honramos como un ser humano igual a nosotros. Desde esta comprensión, es posible amar a cualquier persona, inclusive si no nos gusta o no disfrutamos de estar en su compañía. Podemos tener una relación que incluya a una, a la otra, a ambas o a ninguna.

- **Indignación y rabia:** es muy común confundir ambas emociones. *La rabia* nos es muy familiar, pero solemos saber menos sobre la *indignación*. *La rabia* es una de las emociones que más intentamos controlar porque usualmente la vemos como una de las más peligrosas. Aparece cuando sentimos que algo es injusto y nuestra predisposición es castigar la fuente de la injusticia. Un niño que hace una pataleta a su padre por negarse a comprarle un helado está haciendo exactamente eso. Una persona que aplica la ley del hielo a su pareja puede estar haciéndolo como modo de castigo por algo que considera injusto. Aunque podemos sentir rabia con nosotros mismos, comúnmente *la rabia* es una energía dirigida a otros. Se trata de "ellos" pero, cuando es sobre nosotros, nos castigaremos a nosotros mismos. La *dignidad* es la emoción que se genera cuando creemos que "soy un ser humano legítimo con los derechos y responsabilidades de cualquier otro ser humano". La *indignación* es la emoción que nos permite reconocer que nuestros límites han sido traspasados y nos impulsa a defenderlos. En la *indignación* no existe deseo de castigar al otro sino de cuidar de nosotros mismos.

Ninguna de estas emociones requiere grandes gestos o drama, aunque solemos ver a la *rabia* expresada de este modo. Esta es la distinción entre una emoción (energía cocreada por nuestra historia) y el drama (el nivel de energía y modo en que expresamos una emoción). La *rabia* puede ser vivida discretamente —"a fuego lento" como suele decirse— o puede ser fuerte y animada. La *indignación* llama a contenernos y defendernos de modo *digno*. No debemos pensar que una muestra dramática de cualquier emoción es evidencia de su profundidad. Cuando no contamos con una distinción entre estas dos emociones podemos "tirar al bebé con el agua de la bañera en relación con la *dignidad*. Si creemos que la *rabia* es peligrosa o mala, la evitaremos y no tendremos acceso a la *indignación* para protegernos. Esto suele ser una ruptura o desajuste en aquellas personas que han crecido en un ambiente en el que la *rabia* era tabú.

■ **Obligación y compromiso:** la *obligación* y el *compromiso* son emociones que suelen ser confundidas. *Obligación* significa "lo haré porque no creo que tenga otra opción". *Compromiso* significa "pondré todo mi esfuerzo en ello porque elijo hacerlo". Esta distinción es muy importante, en especial con relación a promesas. La *obligación* puede ser suficiente para cumplir un pedido —por ejemplo, cuando le pedimos al camarero que nos traiga sal—, pero en situaciones o momentos más difíciles nos sentiremos mejor servidos si quien cumple se *compromete*. El *compromiso* más alto es cuando quien lo lleva a cabo se preocupa tanto por su promesa como a quien se la hicieron. Y es importante recordar que inclusive una promesa realizada con un *compromiso* total no garantiza su terminación o éxito. El *compromiso*, además de ser una emoción, es también un talento. Generalmente, asumimos que todos saben cómo es "estar comprometidos" pero, de hecho, es algo que aprendemos. Cuando no podemos ver al compromiso tanto como emoción como habilidad, se convierte en un aspecto de la vida difícil de enseñar.

- **Orgullo y arrogancia:** el *orgullo* es una emoción que confunde a mucha gente. Por un lado, queremos sentirnos orgullosos de nuestros hijos o del trabajo que hacemos, pero también creemos que "antes de la caída viene el orgullo" y debería ser evitado. Parte de esta confusión puede ser porque estamos hablando de dos emociones distintas y no lo sabemos. Ontológicamente, *orgullo* significa creer que "soy o he hecho algo valioso y quiero compartirlo con otros". La *arrogancia* es creer que soy o he hecho algo bueno y quiero hacérselo saber a otros, pero incluye la creencia de que esto también me hace mejor que otros. Por lo tanto, la *arrogancia* incluye un elemento adicional.

El *orgullo*, a diferencia de la arrogancia, no es una emoción que tenga que ver con posicionarnos en relación a los otros, sino que simplemente expresa nuestra propia bondad. Existe una interpretación tradicional en el protestantismo y en el catolicismo que ve al orgullo como una emoción que deberíamos evitar, que es pecaminoso. La palabra "orgullo" fue la traducción de un texto griego del siglo IV que corresponde hoy a nuestra palabra "jactancia" y, por lo tanto, sería más cercana a nuestra palabra *arrogancia*. Dada esta fuerte interpretación histórica y la falta de distinción entre orgullo y arrogancia, mucha gente se queda atascada sin una emoción que les permita compartir aquello que creen que es bueno sobre sí mismos. Una reinterpretación de ambas emociones podría brindarnos esta posibilidad.

- **Rabia, frustración y resentimiento:** la rabia nos informa que algo que estamos sintiendo es, desde nuestro punto de vista, injusto. La historia de la *frustración* es que "esto debería haber sucedido ya". El *resentimiento* es la creencia de que "esto no ha debido ser de este modo" o de que "yo no debería tener que hacer esto". La rabia nos predispone a castigar, la *frustración* a buscar modos de avanzar, y el *resentimiento* a desquitarnos o vengarnos. El primer paso al navegar cualquiera de estas emociones es remover la interpretación moral y normalizarlas como emociones. Una vez que hayamos hecho esto, podemos quitar nuestro prejuicio y simplemente verlas como emociones. Si lo que estamos sintiendo es *rabia* entonces la respuesta efectiva será diseñar acciones que corrijan la injusticia que percibimos. Si es *frustración*, la pregunta sería qué estándar estamos considerando para nuestra evaluación que dice que las cosas "deberían" moverse más rápido. Entender que nuestro estándar puede no tener fundamentos o puede ser ingenuo, puede llevarnos a la *aceptación*. Otro camino es buscar el modo de acelerar las cosas. Resolviendo el *resentimiento* caminamos hacia la *aceptación*, de que lo que está hecho, hecho está. O puede llevarnos por la vía de preguntarnos por nuestro juicio de "no debería". ¿Por qué las cosas "no deberían" ser de este modo? Generalmente, la respuesta suele ser simplemente que no es lo que esperábamos, en lugar de si está bien o mal.

- **Servicio y sacrificio:** tanto el *servicio* como el *sacrificio* se basan en el cuidado de otros. Uno de los desafíos para distinguirlos es que son muy parecidos en la acción. La diferencia clave a nivel ontológico es el impacto que tienen sobre la persona que brinda el cuidado. Una interpretación útil es que estamos en *servicio* cuando lo que hacemos por el otro nos *nutre*. Puede que nos sintamos cansados pero, a la vez, nos sentimos realizados y con nuestra energía renovada. En *sacrificio*, lo que hacemos por el otro nos agota. Puede que sigamos eligiendo hacerlo, pero el cuidado no puede ser sostenido indefinidamente.

Un caso extremo de *sacrificio* es cuando alguien deja ir su propia vida para salvar la de otro; por ejemplo, durante un incendio o en tiempos de guerra. Lo llamamos el *sacrificio* supremo. Lo que ocurre es que la persona que hace el *sacrificio* extiende el cuidado al otro en un modo que no es sostenible. La diferencia tiene que ver con la sostenibilidad. Mucha gente que trabaja en una profesión que tiene que ver con el cuidado de otros y ama hacerlo, se sorprende de sentirse cansados e inclusive resentidos. ¿Por qué sucede esto si están haciendo algo que eligen hacer y creen que es un buen acto? La respuesta es que no ven esta distinción. De hecho, probablemente estén llamando *servicio* al *sacrificio* que hacen. Esto es común entre padres, docentes, médicos, cuidadores y trabajadores sociales. Dado que no hemos aprendido la diferencia entre *servicio* y *sacrificio*, no vemos opción.

- **Maravilla y asombro:** la maravill*a* y el *asombro* son emociones a las que nos desacostumbramos de adultos. Los niños parecen sentir *maravilla* como una parte natural de sus interacciones con un mundo que desconocen. Ambas emociones se presentan cuando encontramos algo poderoso y desconocido. Ambas se relacionan con el reconocimiento de cosas que están más allá de nuestra experiencia y entendimiento diarios, aunque la *maravilla* no cuenta con el terror o el miedo que el *asombro* incluye. Tendemos a acercarnos a algo que nos resulta *maravilloso* pero nos alejamos de un evento que nos *asombra* dado el elemento miedo.

Capítulo 4: Grupos emocionales

En un estudio realizado en el año 2015, Dacher Keltner, profesor de psicología en Berkley, publicó un artículo sobre una investigación que demostraba que sentir asombro varias veces a la semana tenía un "impacto profundo en marcadores relacionados a la inflamación" y, por lo tanto, contribuía a la salud física. Es difícil decir si lo que Keltner estudiaba era *asombro* bajo nuestra misma interpretación, pero este estudio establece una conexión entre emociones y la salud que a menudo olvidamos.[1]

Más allá de posibles beneficios para la salud, conectarnos con la *maravilla* y el *asombro* permite desplazarnos de emociones como *aburrimiento* y tedio, que tienen lugar cuando creemos que entendemos todo sobre el universo que nos rodea y nos saturamos.

- **Ternura, erotismo y pasión:** estas son tres emociones que son confundidas cuando se las conecta con la sexualidad. La ternura es el deseo de crear seguridad, el erotismo es el deseo de "convertirse en uno" con alguien, y la pasión es el deseo de estar intensamente conectado con otro. De las tres, el erotismo es la que más se vincula al sexo, dado que es el deseo de unirse a otro. De todos modos, si queremos entender la emoción en profundidad, debemos considerar que el erotismo es también lo que hace que la gente se comprometa con la meditación o con la naturaleza, y puede ser la emoción que permita la inmersión en empeños artísticos; su núcleo es el deseo de "convertirse en uno con otro". La ternura aparece cuando un niño recurre a nosotros luego de una caída y, sin pensarlo, abrimos nuestros brazos para abrazarlo. Ese

---

[1] Gretchen Reynolds, "An Upbeat Emotion That's Surprisingly Good for You," *New York Times Magazine,* 29 de marzo, 2015, http://mobile.nytimes.com/blogs/well/2015/03/26/an-upbeat-emotion-thats-surprisingly-good-for-you/?

acto produce un lugar seguro para ellos en un mundo que, de repente, parece inseguro. Pasión significa "sufrir" o tener un deseo ardiente de estar cerca. La pasión puede ser religiosa, artística, romántica o erótica. Ser capaz de poder ver estas tres emociones en todo su esplendor permite que sean una fuente muy rica de compromiso en la vida.

- **Tristeza, arrepentimiento y decepción:** la *tristeza* es la pérdida de algo que nos importa. Entonces, lejos de "meterse en el camino" como emoción, apunta directo a lo que nos importa. Es conveniente pensar en la tristeza como un "acceso a la pérdida" de algo valioso dado que, a veces, subestimamos la importancia de los cambios cuando no podemos identificar la "cosa" que hemos perdido. Por ejemplo, un amigo con el que me agrada pasar tiempo se muda a una ciudad lejana. Puede que me sienta *triste* no porque perdí a mi amigo, sino porque no podré disfrutar de los momentos juntos como solía hacerlo. Entonces, la pérdida es la posibilidad de estar con la otra persona. Este es el tipo de cosa que muchos desestimamos y subestimamos, cuando podría ser la causa de la *tristeza*.

  Arrepentimiento significa que desearía haber tomado otras decisiones en el pasado porque creo que, de haberlo hecho, mi vida sería mejor. Esa historia presupone que "la vida hubiera sido mejor si…", pero es algo que no podemos saber. Puede que sea verdad, pero la vida también podría haber resultado peor. Si aceptamos estos términos, podemos liberar el *arrepentimiento*. Un punto interesante es que a veces decimos que deberíamos haber tomado otra decisión pero, al examinarlo, podemos ver que, dado quiénes éramos en ese momento, no podríamos haberlo hecho de otro modo. Entonces, nuestro arrepentimiento no tiene fundamento. Creemos que podríamos haber tomado otra decisión porque la que tomamos nos trajo la conciencia que tenemos ahora, entonces la lógica no se sostiene.

La palabra *decepción* proviene del latino antiguo y su opuesto significa "prepararse y organizar". Ontológicamente, la decepción significa que la vida tal y como la estamos experimentando no está alineada con la vida que esperábamos. Esto ocurre porque estamos continuamente creando una historia de cómo será el futuro. Nuestra versión de *cómo será la vida* viene de dos lugares. Uno es cuando los otros nos hacen promesas, y el otro es una fabricación basada en las posibilidades que podemos imaginar. Estas posibilidades provienen de nuestra experiencia e historia, pero también de la experiencia e historia de otros. Cuando una promesa no es cumplida o la experiencia no fue lo que esperábamos, la emoción que se presenta es *decepción*. Si la expectativa proviene de una promesa que no se cumplió, mi recurso consiste en presentar un reclamo ante el que hizo la promesa. Sin embargo, si proviene de mi propia imaginación, entonces debo responsabilizarme por su creación y comprender que no es verdad que la vida esté equivocada, sino que es mi historia la que no está alineada con la vida.

Más alto y con dignidad

Durante el Taller sobre Emociones en septiembre de 2015, note que la imagen que me devolvía mi reflejo en el espejo era en forma de signo de interrogación —el pecho curvo y cóncavo desde la base de la columna; respiración corta y poco profunda; hombros hacia delante empujando uno hacia el otro, protegiendo mi corazón. Desplomado como una flor en la lluvia. Cuando escuché la definición de dignidad ese día, mi cuerpo cambió. Con el paso del tiempo y con atención, transformé mi postura a una más erguida, dejando atrás al dolor como modo de vida; reclamando mi postura recta de la infancia. La misma flor, ahora disfrutando del sol. Comencé a creer que soy valiosa, con o sin dolor. Me erguí, podía respirar con más facilidad, sentía menos dolor. Y sabiendo que era suficiente, que pertenecía, que estoy segura— Esta es realmente la sensación de vivir. Nombrar la dignidad me dio vida. ¡Mi corazón se abrió y descubrí que tenía tanto espacio! Decidí que yo soy suficiente, lo que me permitió encontrar mi voz y hablar con más claridad. Yo decido.

—R.L.

Capítulo 5

NO EXACTAMENTE EMOCIONES

Si te preguntas a ti mismo "¿cómo diferencio qué es y qué no es una emoción?", ¿tienes una respuesta clara? Si las emociones son tan importantes en nuestra constitución como seres humanos, cómo es que no hay una lista definitiva. Esto probablemente sea el resultado de nuestra falta de atención a la importancia (o nuestro rechazo) del dominio de las emociones. Las emociones no han sido definidas universalmente. Existen diversas emociones con las que muchos estamos de acuerdo con su significado, pero hay otras que no son tan claras. Los autores, en la tarea de intentar dar interpretaciones precisas de las emociones, nos hemos encontrado con expresiones que son pensadas como emociones, pero que no pasan el test ontológico de brindarnos información, ser combustible de nuestras acciones y cuidar de nuestras preocupaciones humanas. Cuando esto sucede, las llamamos *condiciones*. Para nosotros, una condición es un indicador emocional pero no una emoción, ya que no cumple con todos los requisitos del criterio ontológico acerca de lo que es una emoción.

Para ser claros, no estamos restando valor a las condiciones o diciendo que no son tan importantes como las emociones, sino que no podemos reconstruirlas del mismo modo, por lo que no nos será posible trabajarlas como hemos sugerido. Son, ciertamente, experiencias humanas válidas, pero caen dentro de otra categoría.

Es el caso cuando alguien llama emoción a una experiencia somática. Un ejemplo importante es el uso de la palabra "sentimientos". A menudo empleamos esta palabra de modo intercambiable con "emociones", pero los "sentimientos" pertenecen a los sentidos físicos y desde hace poco han sido sustituidos por la palabra "emociones". La palabra "sentimiento" es usada tan amplia y vagamente que no es un modo preciso de hablar de emociones. Otro tipo de condición puede ser entendido ontológicamente como una evaluación. Cuando decimos que nos sentimos "rechazados" o "incomprendidos" pensando que son emociones, lo que realmente estamos haciendo es compartir nuestra evaluación sobre el comportamiento de otra persona o grupo, y no estamos hablando precisamente de una emoción. Otras veces usamos una metáfora para describir una emoción sin darnos cuenta. Un ejemplo común es "abrumar". "Abrumar" es una descripción literal de la experiencia por la que pasaban los marineros cuando una ola enorme inundaba y tumbaba su barco, poniendo sus vidas en peligro. Describe la sensación que uno podría tener en esa situación, pero no es una emoción exactamente.

La importancia de distinguir si algo es una emoción verdadera o no tiene que ver con nuestra habilidad para navegarla. Si decimos que nos sentimos "dolidos" por la acción de alguien, no hay un modo simple de entender qué hacer al respecto e inclusive de entender qué significa. Sí, sentimos malestar emocional o dolor, pero si no identificamos que la emoción que está generando esa sensación es *indignación, desilusión, desconfianza* o *irrespeto*, no podemos diseñar un camino efectivo a seguir.

Aquí hay una lista de algunas de las condiciones más comunes que usamos en lugar de emociones, y hay muchas más. Podrás ver que el mejor modo de aprovechar la tabla es ver qué emoción o emociones sugiere según la condición.

Capítulo 5: No exactamente emociones

Condición	Raíz	Naturaleza	Emociones indicadas
Abandonado	Fines del s. XIV "abandonar, rendirse (uno mismo o a algo), entregar totalmente; ceder totalmente (a la religión, a la fornicación, etc". Del francés antiguo *abandoner* (SXII).	**Evaluación** de cómo nos tratan los otros	***Deslealtad*** si es provocada por alguien de nuestra comunidad. ***Decepción*** si uno tuvo la expectativa de ser incluido o cuidado.
Abrumado	"causar molestia, agobiar con grave peso".	**Interpretación** de que las condiciones actuales no son sostenibles: nos superan	***Pánico, miedo, exhausto, ansiedad***
Alejado	Del participio de *alejar*, "lejano o distante"	**Evaluación** que nos dice que estamos siendo separados intencionalmente de lo que es importante	***Irrespeto*** o ***indignación***

EMOCIONES: UN REGALO POR ABRIR

Condición	Raíz	Naturaleza	Emociones indicadas
Aliviado	S. XIV, "alivio de aflicción, hambre, enfermedad, etc; estado de alivio; aquel que mitiga o remueve"	**Sensación física** de estrés reducido	*Confianza, confusión (disipándose)*
Apenado	Del latín *gravare* "apesumbrar, causar dolor", de *gravis* "pesado"	**Pesadumbre somática** o falta de energía que es la predisposición de la **tristeza** pero podría ser nombrada para explicar otras emociones	*Tristeza, desesperanza, angustia*
Atacado	Del italiano Florentino *attaccare (battaglia)* "unirse (a la batalla)"	Una **interpretación** de las acciones de otros que cruzan nuestro límite personal y nos amenazan	*Indignación* por cruzar mis límites; *enojo* si el ataque es a modo de castigo; *resentimiento* o *venganza* si el ataque es para vengarse

Capítulo 5: No exactamente emociones

Condición	Raíz	Naturaleza	Emociones indicadas
Centrado	1590s, "concentrar en un centro," de *centro*. Relacionado: *centrarse*, que significa "descansar en el centro" es de 1620s	**Estado** de descanso que siente nuestro cuerpo, mente y/o emociones	*Paz, serenidad o aceptación*
Cómodo	Mediados del s. XIV, *conforter* "confortar". Significa "ofrecer confort físico" y data de 1769; el significado "en estado de disfrute tranquilo" es de 1770	Un **estado físico** en el que hay ausencia de estrés	*Satisfacción, contento o complacencia*
Conectado	Del latín *connexionem*, "un vínculo o unión", de *connexare*, "amarrar juntos, atar, juntar", de *com-* "junto" + *nectere* "unir, atar"	Una **interpretación o evaluación** de la cercanía con el otro	*Amor, aceptación o deseo*

Condición	Raíz	Naturaleza	Emociones indicadas
Consumido	"Absorber del todo, emplear, gastar, destruir or llevar also a su final"	Falta de energía **física** o de recursos para activarla	*Tristeza, resignación, resentimiento, desesperanza*
Controlado o controlador	Del latín *contra-* + *rotulus*, diminutivo de *rota* "rueda"	Una **evaluación** de mi habilidad para mantener o cambiar la dirección de los eventos en mi vida	*Miedo, ansiedad o celos*
Culpable	"Reprochar una falta, censurar, en sentido judicial o acusar"	La culpa puede ser vista como una **predisposición** del enojo. Es un modo de castigar a alguien que creemos que ha hecho algo injusto	*Una predisposición a la rabia. También puede estar relacionada con la responsabilidad y es un mecanismo para llamar a otros a "dar cuenta"*
Defensivo	Directo del latín *defendere* "repeler, proteger, cuidar, afirmar en defensa" de *de-* "desde" + *fendere* "golpear, empujar"	Una **acción física** que bloquea otra	*Indignación, miedo o resentimiento*

Capítulo 5: No exactamente emociones

Condición	Raíz	Naturaleza	Emociones indicadas
Degradado	Del francés antiguo, *degrader* (s. XII) "degradar, privar (de cargo, rango, etc.)", de *des-* "bajo" + latín *gradus* "escalón"	Una **evaluación** que dice que otro intenta reducir mi sentido de dignidad	*Dignidad, irrespeto o indignación*
Destruido	"Arruinar, deshacer" del latín *de-* (dirección de arriba abajo) + *struere* (juntar, amontonar).	La **experiencia física** de perder la posibilidad o seguridad de aquello que pensaba que sabía	*Incredulidad, angustia*
Distante	Del latín *distans*, "que dista"; "apartado o remoto"	**Evaluación** que nos dice que no somos cercanos a algo o alguien física o emocionalmente	*Soledad*
Divertido	"Alegre, festivo, que saca de la monotonía"	**Actividad** que disfrutamos	*Alegría, deleite, excitación*

Condición	Raíz	Naturaleza	Emociones indicadas
Dolido	1200, "una herida, una lesión"; también "pena, enfermedad de amor". Su sentido reflexivo "sufrir, sentir dolor" data de 1944.	**Dolor físico** que indica que algo está desalineado o no funciona como debe	*Angustia, tristeza, remordimiento*
Dramático	Del latín tardío *drama* "obra, drama" del griego *drama* (genitivo de *dramatos*) "obra, acción, acto" de *dran* "hacer, actuar, llevar a cabo"	**Ampliar físicamente** el nivel de expresión de una emoción —por ejemplo, la urgencia— para obtener atención	Puede ser casi cualquiera pero *miedo, irritación, entusiasmo, rabia y pasión* son comunes
Emocional	Del latín *emovere* "salir, agitar" de la forma asimilada de *ex-* "fuera" + *movere* "moverse". El significado "caracterizado por o sujeto de emociones" data de 1857.	**Sensación física** de que mi energía está cambiando y afectando mis elecciones	Puede estar relacionado a muchas emociones pero indica que estoy sintiendo un estado intenso de energía emocional

Capítulo 5: No exactamente emociones

Condición	Raíz	Naturaleza	Emociones indicadas
Enérgico	Del griego *energetikos* "activo," de *energein* "trabajar, estar en acción, actuar por o sobre algo"	**La sensación física** de energía para actuar	*Entusiasmo, ambición, excitación* pueden ser opciones junto a muchas otras que denotan un estado intensificado
Estresado	Del latín vulgar *strictiare*, del latín *stringere* "ajustar"	**Sensación física** de opresión	*Ansiedad física, miedo*
Excitado	Del latín *excitare* "incitar, convocar, citar, producir"	**Sensación física** de energía elevada	*Entusiasmo, ambición,* pueden ser opciones junto a muchas otras que denotan un estado intensificado
Expectante a posibilidades	Del latín *possibilis* "que puede ser realizado" de *posse* "ser capaz"	**Evaluación** que nos dice que hay cosas que pueden suceder aunque no hayan sucedido aún	*Esperanza, confianza, ambición, entusiasmo*

Condición	Raíz	Naturaleza	Emociones indicadas
Irritable	Del latín *temperare* "observar en la medida adecuada, ser moderado, contenerse", también transitivo "mezclarse correctamente, en proporción justa; regular, gobernar, manejar"	**Cambio rápido** a una emoción atacante con una provocación baja	*Rabia, irritación, frustración, agravación, ira*
Lloroso	La sensación de que quieres llorar.	**Sensación física** de que mi cuerpo no puede contener mis emociones y brotarán como lágrimas	*Angustia, tristeza, miedo*
Macho	1928 (n.) "hombre duro", "animal hombrío"	**Interpretación** de las acciones de otros	*Arrogancia, orgullo*
Monótono	Del griego y significal "un solo tono".	**Sensación física** de aburrimiento e inhabilidad para distinguir entre emociones	*Aburrimiento, resignación, ambivalencia*

Capítulo 5: No exactamente emociones

Condición	Raíz	Naturaleza	Emociones indicadas
Negativo	Directo del latín *negativus*, "prohibición; ausencia, no existencia; opuesto"	**Evaluación** de que algo está lejos de una vida buena	*Rabia, frustración, irritación, resentimiento, cinismo, escepticismo*
Nervioso	Significa "tenso e irritable" y data de 1837, quizás de la noción *al borde del ataque de nervios*, en el punto de hacer algo irracional	**Sensación física** de acercarnos a un límite que creemos que no debemos cruzar	*Frustración, impaciencia, rabia, ira*
Organizado	Del Latin *organum* "instrumento, órgano"	**Intepretación** del orden de la vida	*Prudente, pacífico*
Positivo	Directo del latín *positivus* "definido por arreglo"	**Interpretación** de que van a suceder cosas buenas	*Esperanza, confianza*

Condición	Raíz	Naturaleza	Emociones indicadas
Pragmático	Del latín *pragmaticus* "hábil para negocios o leyes", del griego *pragmatikos* "apto para negocios, active, formal, sistemático", de *pragma* "un hecho, un acto; aquello que fue hecho; una cosa, asunto, caso", especialmente uno importante	**Interpretación** de un modo en que alguien se mueve en la vida	*Precaución, prudencia*
Preocupado	Del latin *praeoccupare* significa "ocupar el pensamiento en algo antes que paso".	**Patrón de pensamiento circular** que repite pensamientos malos sobre el futuro y es la predisposición a la ansiedad	*Ansiedad, angustia*
Rebajado	De *rebajar*, "reducir la altura, el volumen o la intensidad de algo"; también "humillar"	**Evaluación** que nos dice que no estamos siendo cuidados o vistos como alguien importante	*Irrespeto* o *indignación*

Capítulo 5: No exactamente emociones

Condición	Raíz	Naturaleza	Emociones indicadas
Resistente	Del latín *resistere* "oponerse, estar contra"	**Sensación física** de contención o contención mental contra mis propias creencias	*Miedo, ansiedad, precaución, prudencia*
Shockeado (en shock)	"Encuentro violento de fuerzas armadas o de un par de guerreros", término militar del francés medio *choc* "ataque violento", del francés antiguo *choquer* "golpear contra"	**Sensación física** de ser golpeado por algo inesperado	*Sorpresa*
Susceptible	1400, "perteneciente a los sentidos físicos, sensorial"	Conciencia de una **sensación física**	No hay una emoción específica pero nos informa sobre qué emoción(es) estamos sintiendo
Vulnerable	Del latín *vulnerare* "herir, dañar, lastimar, mutilar", de *vulnus* (genitivo de *vulneris*) "herida", quizás relacionado a *vellere* "arrancar, jalar"	La **creencia** de que seré dañado por las palabras o las acciones de otros y no podré defenderme	Falta de dignidad, autorrespeto, autoconfianza

Descubriendo mis condiciones de satisfacción

Mi historia comienza en una situación que probablemente sea muy familiar para mucha gente, más allá de su cultura, edad, género, etc. Nos enseñaron que en la vida hay que ser exitoso, lo que sea que eso signifique—tener un sueldo decente, una familia bonita con hijos, una casa, un auto… pero nadie te enseña a seguir tus instintos para saber qué es lo que quieres, cómo lo quieres y si lo quieres. Soy diseñador de iluminación y siempre quise tener mi propio estudio. Así que encontré un socio y nos fue muy bien rápidamente. En quince años pasamos de ser dos personas a ser veinte personas, y de tener cinco proyectos a tener sesenta en curso. Intenté trabajar como lo hacía cuando tenía menos empleados, cuando era yo quien estaba a cargo del diseño, absorber el proyecto, cerrar el trato, manejar las relaciones públicas, organizar e inclusive era el especialista en Tecnología.

Pero noté que había llegado al límite cuando mi estrés se elevó a tal nivel que interfería con mi sueño y estaba causando consecuencias terribles en mi salud y bienestar. Esto afectó a mi familia, mis amigos, mis colegas y mis clientes. No sabía qué hacer (¿suena familiar?). Mi hermano me recomendó acudir a Dan, coach ontológico, para encontrar otro modo de encarar mi trabajo. Las sesiones eran por Skype en inglés, y el inglés no es una lengua

Capítulo 5: No exactamente emociones

en la que pueda expresar bien mis emociones como en español o alemán. Pero igual lo intenté.

Sentí que las cosas comenzaban a cambiar (entiendo que no cambia para siempre; es un trabajo y proceso continuo). Hablamos sobre establecer las condiciones de satisfacción para mi cliente, para mí y para todos los involucrados en el proceso de un proyecto. Llevé la misma conversación a mi vida personal, y esto quitó mucho peso y carga a mi espalda. Estaba intentando complacer a todos en el proyecto y a todos en mi vida personal y eso me tenía insatisfecho. Y cuando me desesperé, sentí rabia y decepción. Establecer las condiciones de satisfacción hace que las cosas me resulten más fáciles. Me da la oportunidad de expresar mis necesidades, mis capacidades y mis límites, y de escuchar las necesidades reales del cliente—que, en la mayoría de los casos, no eran tan complejas como yo asumía. Sigue siendo un proceso de vivir el cambio, pero considerando que producirá satisfacción, lo hago con alegría, sabiendo que mejora mis relaciones personales y profesionales.

—K.D.

Capítulo 6

NAVEGANDO LAS EMOCIONES

Su relación con los estados de ánimo y las emociones

Es común escuchar a la gente decir que quieren "controlar sus emociones" o que creen que cierta persona necesita tener un mejor "control sobre sus emociones". Estos son conceptos con los que los autores no estamos de acuerdo, principalmente porque no son efectivos. Creemos que será más útil aprender a navegar con nuestras emociones. Hay muy poco, casi nada, que realmente podamos controlar en nuestras vidas. Entonces, ¿por qué seríamos capaces de controlar nuestras emociones? Podemos decidir ciertas cosas, pero no es lo mismo que controlarlas. Puede que queramos controlar el mundo que nos rodea para darle la forma que más nos guste pero, finalmente, aprenderemos que no podemos. No controlamos nuestra sed, hambre, sueño, así como tampoco sabemos cuándo moriremos, ni siquiera si llegaremos a tiempo al trabajo. Podemos ser de gran influencia para todo lo nombrado, podemos tomar decisiones que afecten nuestras emociones y encontrar formas inteligentes para navegar con ellas, pero decir que las controlamos, para nosotros, es darnos demasiado crédito.

La idea de *controlar* nuestras emociones está íntimamente conectada con la ciencia del siglo XIX, es un vestigio de ella. Al crecer en la ciencia como

EMOCIONES: UN REGALO POR ABRIR

modo de entender el mundo, sus creencias subyacentes ingresaron a nuestro modo de pensar en todas las áreas de la vida. La idea fundamental que guió el desarrollo del pensamiento científico fue que nos permitió predecir y controlar el mundo que nos rodeaba. Ese es el propósito fundamental de la meteorología, por ejemplo. La esencia de la meteorología nos permite predecir si lloverá mañana para poder elegir si llevar el paraguas o no al salir, y así controlar nuestra comodidad y no mojarnos. A más largo plazo nos permite predecir, y al menos intentar controlar, qué sucederá en las próximas temporadas en la agricultura o el esquí. Puede ayudarnos a saber si habrá olas peligrosas en el lago o en la playa o si deberíamos tomar medidas para asegurarnos que nuestros cultivos sensibles al frío no se congelen en una gélida noche. En otras palabras, la ciencia de la meteorología existe para predecir y controlar. Podemos aplicar este mismo concepto a cualquier ciencia. La geología hace lo mismo en relación a la estructura de la tierra, para predecir dónde podemos encontrar minerales y la medicina occidental aplica los mismos principios a nuestra salud.

Dado que esta idea fue enormemente exitosa, hemos asumido que aplica a todas las áreas de la vida humana. Sin embargo, es sabido que cuando alguno de nosotros ha intentado aplicar el control sobre las emociones, nos hemos sentido impotentes. La gente dirá cosas como "no quiero estar enojado pero no puedo dejar de estarlo". En otras palabras, quieren controlar las emociones que están sintiendo pero descubren que no son capaces de hacerlo. El control es una fantasía que creamos para sentirnos seguros.

Imagina que estás haciendo kayak en una corriente. La relación efectiva entre tú, el kayak y la corriente no es de control, pero sí de navegación. Si ves que te estás acercando a una roca que está en el medio de la corriente, todo lo que necesitas hacer para evitar la colisión es cambiar la dirección del kayak un poco hacia la izquierda o la derecha, hacia una parte de la corriente que te

Capítulo 6: Navegando las emociones

ayude a sortear la formación rocosa. Navegar significa *conducir o dirigir un barco*. Esencialmente, esta es la relación disponible para nosotros con las emociones. Observarlas, entenderlas y elegir si reaccionamos o respondemos, será más efectivo para navegar por la corriente de emociones en la que estamos inmersos.

Cambiando emociones

Cuando descubrimos que estamos en, o estamos siendo afectados por una emoción en la que no queremos estar, a menudo tratamos de evitarla o cambiarla. Solemos intentar hacerlo a través del pensamiento. Por ejemplo, si estamos tristes, puede que nos digamos "¡ánimo!" o que, de hecho, no tengamos nada por lo que estar tristes. También nos decimos que "podría ser peor". Y si no lo hacemos, nuestros amigos lo harán. La mayoría no tiene mucho éxito con esta técnica pero seguimos intentándolo. Otra técnica más útil es considerar qué emoción podría servirnos en lugar de la emoción que nos gustaría cambiar. Si tomamos al miedo como ejemplo, podemos intentar decirnos que debemos salir de él pero generalmente el miedo permanece. Si entendemos que *la valentía* es la emoción que nos permite actuar en presencia del *miedo*, entonces podríamos usarla como trampolín. De este modo, estaríamos poniendo nuestro esfuerzo en generar *valentía* y prestarle menos atención al *miedo*. Lo que sucederá es que seremos capaces de ponernos en acción para lidiar con la tarea. A largo plazo, habremos construido nuestra capacidad para ser *valientes* y así permitiremos que la fuerza del *miedo* se desvanezca. En otras palabras, no solo actuamos sino que también aprenderemos dentro del dominio de las emociones.

Otra estrategia para cambiar las emociones es no intentarlo. Si tomamos en serio la idea de que "las emociones vienen y van", nos daremos cuenta de que nuestro estado emocional siempre está cambiando, nos guste o no. Una posibilidad es aceptar la emoción en vez de intentar alejarla. Si nos encontramos en la *tristeza*, por ejemplo, podemos elegir simplemente sentirnos *tristes*. Básicamente, lo que estamos diciendo es que creemos que la *tristeza* tiene trabajo que hacer y podemos permitírselo. Durante ese silencio podemos reflexionar sobre qué intenta decirnos la *tristeza* y cuál es su propósito. Si sabemos que la *tristeza* fundamentalmente significa "he perdido algo que me importa", podemos considerar qué es lo que hemos perdido y ver la importancia que tiene para nosotros. En los tiempos modernos consideramos a la *tristeza* como una emoción "mala" e intentamos evitarla, y de ese modo menospreciamos e ignoramos aquello que puede ser importante sobre ella. Vemos a la *tristeza* como algo "irritante" o "molesto" pero, ontológicamente, el tema es que esas no son las razones por las que la sentimos y esas sensaciones no son azarosas. La *tristeza* llega para decirnos algo y la cuestión es si somos lo suficientemente sabios para escucharla.

Parece haber dos razones principales por las que intentamos evitar las emociones. Una es que algunas emociones son incómodas. La *tristeza*, la *rabia*, la *vergüenza*, la *desesperación* y muchas otras se sienten "mal" a nivel físico. Quizás no hayamos entendido el propósito de la incomodidad. Lo que decimos es que esta es la manera como nuestro cuerpo nos alerta sobre la emoción. Si no nos sintiéramos "mal" (o en otros casos "bien"), no la notaríamos ni le prestaríamos atención. Es un modo de señalarnos que una emoción está presente. Otra razón es el miedo de "atascarnos" en la emoción. En otras palabras, tememos que la emoción se transformará en estado de ánimo y no seremos capaces de salir de ella. Con la *tristeza*, el miedo es a caer en depresión y no poder salir de ella. Quizás suceda pero, en nuestra experiencia, siempre es mejor ocuparse de las emociones en tiempo real como modo efectivo de navegarlas.

Capítulo 6: Navegando las emociones

Confiar en las emociones

La *confianza* es la emoción que me ayuda a evaluar el riesgo. Dado que las emociones no suelen ser vistas como algo confiable, puede que me pregunte si estoy tomando un riesgo injustificado cuando comienzo a aprender sobre este campo. ¿En qué nivel confías en que tus emociones te están brindando información confiable? ¿Las ignoras, confías un poco en ellas o confías en ellas un 100% la mayor parte del tiempo? Como hemos comentado anteriormente, nuestra inclinación durante los últimos siglos ha sido depositar la confianza en la razón y, dado que hemos visto que las emociones son lo contrario a la razón, hemos asumido que no podemos confiar en ellas. Esto es interesante porque muchas veces pensamos o decimos "confiaré en mi instinto para esto" o "*sabía* desde el comienzo que esto era un error". Todos confiamos en nuestras emociones hasta cierto punto pero, implícitamente, sabemos que hay aspectos de las emociones en las que no confiamos enteramente. Coordinamos acciones con otros, lo que demuestra que estamos en la emoción de la *confianza*. Contraemos matrimonio basados en nuestro *amor* o *pasión*. Cada decisión que tomamos cuenta con un elemento emocional. Al mismo tiempo, a menudo somos *escépticos* sobre *confiar* en nuestras emociones y la mayoría de nosotros siente que las emociones nos han engañado a veces. La conclusión que sacamos de esto es que hay un nivel en que nuestras emociones son guías confiables en la vida, pero eso no significa que debemos creer ciegamente en todo lo que nos dicen. Hacer eso es una emoción por sí misma: *ingenuidad*.

Si echamos un vistazo a los otros dominios que nos constituyen como seres humanos, podemos concluir que la situación es similar. Nuestro razonamiento no puede considerarse como correcto el 100% del tiempo. Si pones un lápiz en vertical en medio vaso de agua, parecerá que el lápiz está dañado o que está partido en dos mitades que no están alineadas, pero, cuando lo quitas, verás que está entero. A menudo mezclamos cosas, las confundimos, las olvidamos o no las entendemos en profundidad. Quizás existe algo como la pura razón y quizás sea 100% confiable, pero nuestro razonamiento claramente no lo es. Lo mismo aplica con los sentimientos, impresiones e intuiciones que nuestro cuerpo recibe. Cuando nuestro pie se duerme se siente como si no estuviera ahí pero, si miramos, veremos que está.

Desde la perspectiva ontológica, el lenguaje, las emociones y el cuerpo contribuyen con su parte al entendimiento de nosotros mismos y del mundo que nos rodea. Cada uno de los tres es un regalo, si elegimos verlos de ese modo y combinar los aportes que nos llega de ellos, obtendremos una comprensión más completa.

Herramientas de navegación

Existe un número de herramientas, habilidades o hábitos que podemos desarrollar y que nos permiten estar en contacto con nuestras emociones y beneficiarnos de su sabiduría.

- **Tiempo de silencio**, en sus múltiples formas. Meditación, centramiento o reflexión dedicada, nos permiten calmar nuestro pensamiento y darnos cuenta de nuestras emociones, escucharlas y nombrarlas. Muchos tipos de rutina —correr, lavar los platos, sentarse en una mecedora en el porche— pueden acallar la mente y así permitirnos escuchar nuestras emociones aunque, cuanto menos activo sea lo que realizamos, mejor.
- **Llevar un diario**. Si llevas un diario como una manera de hablar contigo mismo y escuchas, verás patrones en tu reflexión que no

Capítulo 6: Navegando las emociones

pueden darse cuando solo piensas en tu situación. Las emociones son siempre parte de lo que escribimos, inclusive si debemos buscarlas por debajo de las palabras.

- **Tiempo.** Hemos hablado de la diferencia entre *reaccionar* y *responder*. Lo principal que separa a ambas es el tiempo. Cuando "tomamos una respiración profunda" o "contamos hasta diez" estamos creando una pausa en el tiempo que nos permite movernos de *reaccionar* a *responder*. A veces necesitaremos contar hasta diez más de una vez, pero ese espacio nos hará retroceder y considerar nuestra respuesta. En este caso, "consultarlo con la almohada" o "esperar hasta que se calmen las aguas" son aproximaciones adecuadas. El factor común en todas es el tiempo.

- **Conversación.** En conversaciones sociales, nuestra intención es que la otra persona entienda lo que estamos experimentando en la vida. Si comento que mi sótano se inundó, estoy intentando comunicar los hechos sobre la inundación y también generar *empatía* en la otra persona. Estoy esperando que "sientan lo que siento". O quizás estoy esperando *simpatía*, que significa que al menos "entienden cómo me siento". Dos cosas pueden suceder en estas conversaciones. La primera es que mi amigo, al intentar entender mi experiencia, haga preguntas o comentarios que me hagan reflexionar sobre mis emociones. La segunda es que, al escucharme expresar mis emociones, quizás comience a considerarlas de otro modo que cuando simplemente pienso en ellas. Otras conversaciones también pueden ayudarme en el proceso de navegación. La terapia o las conversaciones terapéuticas están diseñadas para hacer exactamente esto. El coaching es el medio elegido por los autores y, en nuestra experiencia, las conversaciones de coaching más efectivas incluyen una exploración de las emociones en algún nivel.

EMOCIONES: UN REGALO POR ABRIR

Escuchando nuestras emociones

Escuchar es una parte importante en la comprensión y navegación de las emociones. Existen al menos tres modos diferentes para enfocarnos en escuchar, no solo oír, que es el aspecto mecánico. El primero y más común es escuchar la *información*. Así discernimos el "qué" de lo que está sucediendo. Mucho de lo que compartimos con el otro, mucho de lo que enseñamos y la mayoría de las noticias en los medios se enfocan en este tipo de escucha. El segundo nivel es escuchar el *significado*. En otras palabras, estamos enfocados en lo que la persona quiere que entendamos, más que en lo que está diciendo exactamente. De esto se trata el análisis de noticias. Escuchar el significado es particularmente importante cuando conversamos con alguien de un entorno cultural o laboral distinto al nuestro. El significado se encuentra en la raíz de por qué intentamos comunicarnos en primer lugar. En el tercero se escucha al *observador* que la otra persona está revelando. Aquí estamos escuchando las emociones que la persona expresa que está sintiendo.

Por ejemplo, si alguien nos dice que siente *rabia* hacia su jefe, este es el modo en que escucharíamos en cada nivel:

- Información: nos enfocaríamos en por qué la persona siente rabia. ¿Qué hizo o no hizo su jefe? ¿Qué cosa de lo que pasó "le hizo sentir rabia"?
- Significado: podemos preguntar o escuchar qué significa para la persona que su jefe haya hecho o no haya hecho algo. Si su jefe se saltó su reunión de revisión de desempeño, podría significar que su jefe no le presta atención, que siempre está en segundo plano o que a su jefe le asusta compartir sus evaluaciones con él.
- Observador: al escuchar al observador (que es la persona), discerniríamos desde su historia que él cree que no es muy importante para su jefe y que

Capítulo 6: Navegando las emociones

su evidencia es la falta de atención por parte del mismo. También podría significar que no tiene una relación fuerte con la *dignidad*, cuya historia es que "soy suficiente". Lo sabemos porque una persona en la emoción de la *dignidad* no necesita el reconocimiento de otros, aun cuando le gustaría tenerlo. En este nivel de escucha no podemos estar absolutamente seguros de lo que vemos, pero podemos verificarlo con el hablante.

La habilidad para navegar las emociones que aparecen en la vida diaria requiere que entendamos el concepto básico de las emociones como predisposiciones a la acción y que podemos construir un entendimiento de las historias conectadas con preguntas específicas. Parte de esto es simple memorización, así como aprendimos la tabla de multiplicar. Más allá de eso, es cuestión de escuchar profundamente y reflexionar sobre la experiencia de nuestras propias emociones. Los siguientes son algunos ejemplos de situaciones de navegación emocional:

Ejemplos

Historia #1. Rabia: recientemente me encontraba caminando por la ciudad en la que vivo. No iba concentrado en lo que estaba pensando pero al rato me di cuenta de que sentía *rabia*. Podía sentir que mi energía se incrementaba, que mi rostro se calentaba, que mi respiración se volvía poco profunda y me sentí fuera de control. Cuando noté estas sensaciones tomé conciencia de que estaba rabioso y sentí curiosidad. Nada en mi paseo había provocado esa *rabia*. Al reflexionar, comprendí que mis pensamientos habían repasado una situación en la que recordé que alguien me debía dinero por trabajo y probablemente no iba a pagarme como había prometido. Hasta el momento no había sucedido nada injusto, pero yo anticipaba que así sería. Ese pensamiento sobre una "potencial injusticia futura" disparó mi emoción de *rabia*. Y en la emoción de la *rabia* estaba imaginando cómo castigaría al que consideraba culpable.

Al reflexionar, de manera consciente, sobre qué era lo que la *rabia* intentaba decirme, se me ocurrió que podía estar alertándome sobre la posibilidad de que esta situación pudiera suceder y que lo consideraría injusto. Como precaución, podría seguir determinados pasos para asegurarme de que el compromiso de la otra persona era firme y sería cumplido. También comprendí que la otra persona probablemente no iba a tener idea de mi preocupación y acercarme a él con *rabia* no sería productivo. Decidí que la mejor solución era simplemente chequear nuestros acuerdos y términos por correo electrónico. El motivo que le expuse en el mail fue que estaba haciendo mi planificación y necesitaba asegurarme de ello, ya que mi plan dependía de este pago, lo cual era cierto.

Para mí, este es un ejemplo de navegación. Podría haberme quedado en la *rabia* y reaccionado, lo cual no habría sido productivo. Podría haberme movido a otras emociones como el *resentimiento* ("no debería tener que chequear") o la *resignación* ("no hay nada que pueda hacer al respecto"), e inclusive la *ingenuidad* ("estoy seguro de que todo saldrá bien"), pero creo que ninguna de ellas habría sido efectiva. La navegación es, entonces, (1) reconocer tu emoción, (2) escucharla y entenderla, (3) preguntarte cuál es la fuente de tu emoción, (4) elegir otra emoción que pueda ayudarte a "evitar las rocas" y avanzar de manera beneficiosa.

Historia #2. Perdón: hace algunos años, una mujer me pidió que le hiciera coaching sobre algo con lo que había estado luchando durante mucho tiempo. Me explicó que no le había sido posible *perdonarse* a sí misma por algo que había sucedido una década antes. La historia que

Capítulo 6: Navegando las emociones

compartió conmigo era que ella y su pareja tuvieron un hijo y el pequeño tuvo dificultades de salud durante su niñez. Cuando tenía cinco años, se enfermó de fiebre mientras ella estaba en un viaje laboral. Basada en las descripciones de su pareja, ella subestimó la enfermedad de su hijo como si fuera rutinaria y continuó con su viaje. Cuando volvió a casa, descubrió que la fiebre de su hijo había empeorado y lo llevó de emergencia al médico. Fue luego de su recuperación que los médicos descubrieron que la fiebre alta había dañado su audición.

Se culpó a sí misma por no investigar con mayor profundidad y culpó a su pareja por lo que ella consideró como una aproximación casual a la salud de su hijo. Me dijo que no importaba todo lo que había hecho desde ese momento, "sentía culpa por su hijo y no podía perdonarse a sí misma ni a su pareja".

Esta es una experiencia que nadie le desearía a otro, pero es algo que sucede en la vida y, a menos que estemos dispuestos a permanecer en estado de sufrimiento, necesitamos encontrar un modo de navegarla. Es claro que la mujer estaba "atascada". Podemos ver que entre las emociones que formaban parte de su estado emocional, estaban la *culpa,* el *arrepentimiento* y *la rabia*, pero la emoción que era incapaz de generar era la del *perdón*. Y esta fue la emoción que ella identificó como necesaria tanto en sí misma como en su expareja.

Si echamos un vistazo al *perdón* desde el punto de vista ontológico, podemos deconstruírla así:

- La historia: "creo que algo que has hecho me hizo daño pero prometo que no lo usaré en tu contra en interacciones futuras"
- La predisposición: aceptar que algo ocurrió pero no lo olvido ni tampoco su impacto y no lo usaré contra el otro.

EMOCIONES: UN REGALO POR ABRIR

- El propósito: el *perdón* nos permite vivir con la realidad de nuestra experiencia sin necesidad de castigar.

En este caso, la historia se trataba de que tanto ella como su pareja habían hecho algo que perjudicó a su hijo y, además, ella ignoró características propias y de su pareja que habían sido la causa. Lo que había estado buscando en vano era el *autoperdón*. Su interpretación fue que *perdonar* incluía "olvidar" e inclusive en un momento dijo que "no podía olvidar" lo que habían hecho. Considerar la posibilidad de que ella no necesitaba olvidar lo que le sucedió a su hijo para poder *perdonarse* a sí misma o a su pareja, fue una nueva interpretación para ella. Podemos ver la trampa que su creencia le había tendido.

El resultado fue un cambio en su comprensión del perdón y la capacidad de abrazarlo y practicarlo a fin de continuar hacia adelante con su vida. Esta es la posibilidad de desarrollar una nueva interpretación de las emociones. La *culpa*, la *vergüenza*, el *resentimiento* y la *rabia* también estaban intentando enviar mensajes pero, en la confusión de todos ellas, no había un camino claro para el *perdón*. El *perdón* en esta interpretación debe incluir recordar y es un compromiso para no seguir castigándonos por comportamientos del pasado.

Historia #3. Vergüenza: trabajé con un hombre que era director de desarrollo de negocios en una compañía de 200 personas. Era extremadamente querido y respetado por casi todos, y muy exitoso en su rol. Estaba felizmente casado y tenía un hijo de ocho años del que estaba muy orgulloso. En nuestra conversación, me reveló que, aunque podía reconocer que otros lo querían y confiaban en él y que aunque fuera exitoso en todo lo que hacía, no podía dejar de sentir que algo estaba "mal" con él. Sentía que todo ese éxito exterior contrastaba con un sentimiento interno de insuficiencia.

Mientras explorábamos su vida y su duda, comenzó a conectarla con un sentimiento de que a menudo se sentía como escondiéndose. Al escuchar al observador que él era, se me ocurrió que la predisposición de esconder algo suele estar conectada con la emoción de *vergüenza*. Ontológicamente, la historia de la *vergüenza* es que "he roto las reglas o los estándares de la comunidad". Cuando le pregunté si podía ser que estuviera sintiendo *vergüenza*, no pudo imaginar nada que hubiera hecho que le hiciese sentir vergüenza. Cuando exploramos, en su primera toma de conciencia, se dio cuenta de que, antes de desear esconderse él mismo, deseaba esconder a su padre. Resultó ser que su padre era asiático y, entre sus amigos, él era el único en este sentido. Este hombre, mi cliente, no tenía ninguna característica física que sugiriera que era asiático-americano, y dijo que recordaba que no quería que sus amigos supieran que su padre era asiático porque era diferente a los padres de sus amigos y tenía miedo de ser rechazado. Llegamos a la conclusión de que sentía *vergüenza* de su padre, no por nada que su padre hubiera hecho sino por quién su padre era. En ese momento, expresó haber sentido *vergüenza* por querer esconder a su padre cuando era niño. En esencia, sintió *vergüenza* por su *vergüenza* previa. La solución fue bastante simple; él hablaría con su padre sobre sus experiencias al crecer y explicar que no estaba conectado de ningún modo con su amor por él.

Creo que este ejemplo es muy poderoso porque, a veces, sentimos una emoción como la *vergüenza* no por lo que hayamos hecho, sino por la historia de cómo somos. Otro aspecto importante es que a menudo sentimos emociones sobre nuestras emociones, y esto puede complicar escuchar su significado. Si se trata de un caso de sentir *vergüenza* sobre sentir *rabia*, es probable que vivamos en la *vergüenza* sin descubrir o explorar el significado de la rabia. Desarrollamos las emociones que necesitamos para cuidar de nosotros mismos cuando somos jóvenes. Como en este caso, a veces esas emociones nos sirven como adultos. Descubrir esto y tomar decisiones conscientes sobre qué emociones nos serían de un mayor apoyo nos permiten movernos con mayor facilidad en el camino de la vida.

Historia #4. Impaciencia: ¿cómo reconocemos la emoción que estamos sintiendo cuando hay dos que se sienten similares? Por ejemplo, *tristeza* y *desesperación* o *ansiedad* y *duda*. Esto puede ser determinado ontológicamente a través de la historia o lo que estamos pensando en el momento en que estamos sintiendo la emoción.

Estuve trabajando con una mujer que tenía cerca de 30 años, siempre me decía cuán *impaciente* era y cómo deseaba poder cambiar este aspecto de su carácter porque no le agradaba. Cuando le pregunté qué sentía cuando estaba "impaciente", dijo que tenía un deseos de salir y hacer cosas, enfrentar grandes retos, buscar aventuras y hacer cosas desafiantes. Cuando le pregunté qué pensaba en esos momentos, dijo que pensaba que el mundo era un lugar grande y fascinante y quería vivir todo lo que pudiera vivir en él.

Eso no me sonaba a *impaciencia*, que es la historia de que "las cosas deberían estar yendo más rápido" o "estoy perdiendo mi tiempo al hacer esto". Cuando le pregunté cómo sabía que la emoción que sentía era *impaciencia*, dijo que así la llamaban sus padres. La situación resultó ser que ella era la mayor de cinco hermanos, que contaba con el don de una energía tremenda, y siempre pedía hacer cosas en familia. La respuesta de sus padres era "deja de ser tan impaciente". Cuando le pedí que hablara de otra emoción que pudiera estar sintiendo que no fuese *impaciencia*,

Capítulo 6: Navegando las emociones

mencionó e*ntusiasmo* y *exuberancia*. Estas encuadraban con su energía y sus pensamientos mucho más de cerca que la *impaciencia,* y le permitió cambiar su autoevaluación de algo que consideraba negativo por algo que sentía positivo. Hay otras emociones que ella podría haber mencionado como *euforia, entusiasmo* o *aventura,* y cada una tiene su propia historia. Posiblemente ella haya sentido una combinación de todas, y el punto no es identificar una como la emoción "correcta", sino en cuál territorio de emociones ella se mueve.

Esta equivocación en el nombre de las emociones es bastante común. Confundimos *vergüenza* con *culpa*, no contamos con una distinción entre *servicio* y *sacrificio,* y no podemos distinguir entre *miedo, ansiedad* y *duda*. Cuando no podemos distinguir qué emoción es la que está presente, no podemos entender aquello que intenta comunicarnos, o elegir un camino adecuado para navegarla. Estamos incapacitados por nuestra ignorancia.

Historia #5. Confianza: la mayoría de nosotros aprendió, por defecto, que confiar o no confiar era de algún modo un juicio de valor, que estaba conectado con el hecho de que pensáramos que el otro era buena o mala persona. En ese sentido puede ser visto como un problema moral. Esto, por supuesto, hace que sea casi imposible hablar de ello porque se escucha como si estamos acusando a la otra persona de tener mal carácter. Además, la confianza tampoco ha sido vista como algo que podemos aprender y cambiar. Hay dos historias sobre mi familia que pueden ilustrar este punto. Cuando mi hijo tenía alrededor de doce años, quería aprender a conducir. Me negué porque no confiaba en él como conductor. Si miramos la definición ontológica de la *confianza*, tiene sentido. La confianza es una emoción que "nos permite interactuar con otros" y es una evaluación formada por sinceridad, competencia y fiabilidad. Yo tenía la evaluación de que él era sincero al decirme que no estrellaría el auto, pero tampoco nunca había demostrado su competencia ni tenía un historial de conducción fiable. Entonces decidí no "coordinar acción" con él. De ningún modo pensaba que él fuera una mala persona; lo amo profundamente y quería apoyar su aprendizaje. Sin embargo, basándome en la emoción de la *confianza,* que en ese caso era baja, no podía permitirlo. Después de que él aprendió conmigo y con un profesional, evalué que contaba con sinceridad y competencia para conducir y, a partir de entonces, *confié* en él al menos en lo básico. A medida que su historia de confiabilidad se iba extendiendo, mi *confianza* creció y tuve menos y menos reservas. Este es un ejemplo de cómo la confianza evoluciona con el tiempo si chequeamos nuestras evaluaciones con regularidad.

Por el contrario, cuando mi padrastro tenía alrededor de ochenta años, más de 60 años sin sufrir ningún accidente de tránsito, comenzó a rozar su camioneta contra el marco de la puerta del garaje. Como este, ocurrieron otros pequeños incidentes y casi accidentes y, un día, empleando el modelo de *confianza*, se volvió claro para toda la familia que aunque él era sincero sobre conducir con cuidado, había cada vez más evidencia (historia de confiabilidad) de que su competencia había disminuido. El resultado fue que le pedimos que entregara sus llaves y fuese pasajero más que conductor. La transición fue muy difícil para él pero, al final, accedió.

Este es otro ejemplo acerca de la necesidad de chequear nuestras evaluaciones para ver qué ha cambiado y poder ser prudentes al extender nuestra *confianza*. En este caso, nuestra opción nuevamente no tenía nada que ver con la calidad de su carácter o moralidad, sino que considerábamos imprudente permitirle conducir.

El aprendizaje emocional cambia las relaciones

Tuve una crisis y estaba enfrentado constantemente en mi relación con uno de mis familiares. Yo tenía una historia acerca de esta persona que me "cegaba" e impedía ver mis emociones de rabia e injusticia. Dado que lo quería y lo admiraba, no podía creer sentir rabia o decepción hacia él. Mi coach me ayudó a entender la diferencia entre admiración (tener el deseo de ser como otro es) y venerar (poner al otro en un plano más alto). Me di cuenta de que podía elegir reformular cómo lo veía y eso me permitiría tener una relación más honesta y satisfactoria. La base de la elección tenía que ser la emoción en la que lo sostenía. El resultado neto fue un cambio emocional dentro de mí que me permitió tener y pedir conversaciones que nos respetaban a ambos, brindándome la posibilidad de vivir con integridad, con más facilidad y gracia.

—H.A.

Capítulo 7

EMOCIONES EN LA VIDA DIARIA

Observar las emociones

La próxima vez que estés en una cola esperando para ser atendido, presta atención a qué te está pasando emocionalmente. ¿Qué sensaciones o sentimientos sientes? ¿A qué historias están conectadas? Si notas que las otras colas van más rápido que la tuya, ¿qué emoción y cuál historia aparece? Puedes sentir *arrepentimiento* si piensas que deberías haber elegido otra cola, pero si piensas que la situación es injusta estás sintiendo *rabia*. O puedes simplemente *aceptar* que las colas se mueven como se mueven, que serás atendido a tiempo y que no hay modo de adivinar cuál cola irá más rápido. El punto es que siempre estás sintiendo una emoción —o, como decimos a veces, siempre estamos en una emoción— y esa emoción está conectada con nuestros pensamientos e historias. No importa si estás expresando alguna de estas emociones cambiando de cola, pidiéndole al cajero que se apure o chasqueando tus dedos; estás sintiendo las emociones en sí mismas.

Una vez que comienzas a darte cuenta de que "nunca estás fuera de una emoción" ellas tomarán una nueva dimensión en tu vida. De repente se convierten en el núcleo de cada pensamiento o acción. Podemos decir con confianza que ninguna acción humana sucede sin emociones. Una comparación física podría ser cuando observamos la existencia y presencia del agua. Sale del grifo, cae del cielo y la usamos para lavar, cocinar, limpiar, calmar nuestra sed y regar nuestras plantas. Se encuentra en la humedad del aire y constituye la mayoría de nuestros cuerpos. Y, sin embargo, solemos pasar por alto su importancia, su absoluta necesidad para que la vida humana pueda existir. Al igual que con el agua, no podemos apreciar el valor de las emociones o tratarlas con respeto hasta que veamos su prevalencia y nuestra dependencia de ellas.

Cómo y dónde las emociones se presentan en la vida, es algo que varía ampliamente. Tenemos una relación distinta con ellas en las diferentes etapas de la vida, pero son un aspecto no discrecional de ser humano.

Aprendiendo las emociones

Así como los bebés nacen con una determinada cantidad de capacidad física y cognitiva, lo mismo sucede con las emociones. Y día a día vamos añadiendo información a estos tres dominios de habilidades. El desarrollo en estas tres áreas es considerablemente diferente. Aprendemos intelectualmente a través del conocimiento. Es decir, el aprendizaje cognitivo sucede cuando vemos algo que encaja en nuestro entendimiento de cómo funciona el mundo y "tiene sentido" para nosotros. También puede darse que, cuando algo no encaja, revisemos nuestra comprensión para incluir un nuevo aspecto. Esto sucede cuando aprendemos que las cigüeñas no traen a los niños al mundo y que los regalos de Navidad no son traídos por San Nicolás La disonancia cognitiva de la información que no encaja en nuestro entendimiento produce la emoción de *confusión*, que nos desafía a encontrar un nuevo modo de entendimiento.

Capítulo 7: Emociones en la vida diaria

En lo físico o somático, aprendemos por repetición. Esto explica por qué incluso atletas sumamente calificados continúan practicando las reglas básicas de su deporte. No se trata de que no quieren "olvidar" cómo moverse sino de que quieren continuar perfeccionando su aprendizaje somático. Es por esto que para aprender a tocar el piano o mejorar su aprendizaje hay que practicar, porque no es suficiente entender la música a nivel cognitivo para ser pianistas. Deberíamos pasar de "la práctica hace al maestro" a "la práctica produce aprendizaje".

A nivel emocional, aprendemos a través de la inmersión y esto es clave para entender cómo nos desarrollamos en el dominio emocional. En este contexto, "inmersión" significa que estamos "sumergidos" o "bañados" en emociones. Esto puede darse por vivir en un determinado contexto emocional. Si crecemos en una casa que percibimos como peligrosa de algún modo para nosotros, aprenderemos el *miedo*. En una casa diferente puede que aprendamos *servicio* o *ambición*, dependiendo del contexto emocional. La parte del cerebro responsable de las emociones es el sistema límbico, el cual aprende a través de inmersión. Estar inmerso en este contexto también significa "permitirnos sentir nuestras emociones". Una analogía podría ser que cuando andamos en nuestra bicicleta nos ejercitamos, pero también mejoramos nuestra habilidad para conducirla. Si no andamos en bicicleta, no podemos profundizar nuestro conocimiento corporal. Sin sentir nuestras emociones no podemos profundizar nuestra comprensión sobre ellas.

El aprendizaje consciente sucede en tres etapas:

Estas etapas aplican bien a la elección de aprender en el dominio emocional. Primero, puedes comenzar a tomar conciencia de muchas distinciones sobre las emociones mediante la lectura de este libro y otras fuentes. Segundo, necesitas decidir si te vas a comprometer a estudiar y aprender acerca de las emociones. Tercero, necesitas practicar.

Risa y llanto

Nuestros cuerpos son el contenedor de nuestras emociones. Experimentamos nuestras emociones a través de los sentimientos o sensaciones que nuestros cuerpos nos ofrecen, y de nuestros pensamientos/historias que ocurren en el cerebro, el cual también forma parte de nuestro cuerpo. Así como nuestro cerebro tiene capacidad para pensar, nuestro cuerpo tiene la capacidad de sentir emociones. Aprender álgebra (o estadística, o química) requiere que tu cerebro expanda su capacidad. El aprendizaje en el dominio emocional tiene un efecto similar. Este crecimiento o expansión ocurre cuando practicamos. Practicamos el pensar de maneras diferentes para expandir nuestra capacidad cognitiva, del mismo modo que practicamos emociones de nuevas formas para expandir nuestra capacidad emocional. Cuando no comprendemos algo intelectualmente, a menudo esto nos produce confusión mental. Cuando no tenemos la capacidad para soportar una emoción repentina o fuerte, nuestro cuerpo reacciona riendo o llorando. Ese es el significado ontológico de ambas. La emoción fue generada tan repentinamente que no tuvimos tiempo de experimentarla, o no tuvimos la capacidad de "sostenerla". Si prestas atención, los niños tienen algo que podemos llamar como un "pequeño contenedor emocional" y los eventos más pequeños provocarán lágrimas (o risas). A medida que crecemos, nuestra capacidad se expande, usualmente sin esfuerzo directo, y llorar y sonreír son provocados por acontecimientos más importantes.

Esta distinción es una alternativa valiosa a la historia de que "llorar demuestra debilidad". Ese pensamiento, al igual que nuestra interpretación tradicional de la *confianza*, tiene una base moral más que una base práctica. El llanto y la risa son liberaciones pero también nos dicen algo importante sobre nuestra capacidad emocional. Como con otros aspectos de las emociones y los estados de ánimo podemos, con el tiempo, construir o aprender a tener más capacidad en este dominio.

Emociones y acción

El entendimiento de las emociones como "e-mociones" o "aquello que nos pone en movimiento" es fundamental. En este contexto, los términos "movimiento" y "acción" no han de ser confundidos. En una emoción como *alegría* o *aceptación* e inclusive en *rabia reprimida*, podemos no demostrar acción, o muy poca. *Acción* significa "actuar" o "hacer". Moverse significa "guiar o direccionar". Podemos ser movidos sin tomar acción. Cada emoción tiene su "pre" disposición particular, lo cual significa que nos "guía" o "direcciona" hacia una acción específica que podemos realizar o no. Por lo tanto, "estar con" una emoción particular no quiere necesariamente decir o hacer algo al respecto. En esta conciencia se funda la base de responder vs. reaccionar ante una emoción.

Emociones y planificación

Al comienzo puede parecer que no existe una relación fuerte entre las emociones y la planificación ya que solemos pensar en la planificación como una actividad racional. Planificar significa elegir nuestras prioridades, ponerlas en orden y asignarles tiempos para su realización. Esto es verdad pero ignora la esencia de lo que necesitamos para "priorizar". Si "priorizar" quiere decir "poner en orden de importancia", la pregunta es: ¿cómo sabemos o determinamos lo que es más importante? Esta determinación es una función de las emociones. Desde la emoción de la *urgencia* haríamos una lista y un orden diferente que si lo hiciéramos desde la emoción del *servicio* o de la *prudencia*. En cierto sentido, podríamos decir que "vemos" la prioridad a través del filtro de la emoción o el estado de ánimo en el que nos encontramos. Entonces, la actividad total de planificar es un esfuerzo en conjunto de la razón y las emociones. Recolectamos datos e información usando la razón y los filtramos a través de las emociones para desarrollar un plan.

También hay un matiz entre las emociones y los estados de ánimo como filtro de nuestras elecciones. Recuerda que una distinción clave entre ellos es que los estados de ánimo preceden a nuestra comprensión, y las acciones y emociones son reacciones o respuestas a los acontecimientos. Entonces, alguien que viva en el estado de ánimo de la *ambición* verá al mundo como un lugar lleno de posibilidades y planificará de acuerdo a eso. Alguien que viva en el estado de ánimo de la *resignación* no verá posibilidades y planificará desde allí. Planificar desde el *resentimiento* incluirá un modo de "vengarnos por" algo que creemos que fue injusto, mientras que planificar desde el *servicio* incluirá hacer cosas útiles por otros. Cuando comienzas a preparar un plan, ya sea para vacaciones, empezar un negocio o hacer una película, vale la pena considerar el estado en el que estás haciendo ese plan ya que tendrá un impacto fuerte en el resultado.

Lenguaje y emoción

Dado que el lenguaje es básicamente una función del cuerpo y las emociones son las que ponen al cuerpo en acción, la conclusión es que no

Capítulo 7: Emociones en la vida diaria

podemos pensar o hablar sin que las emociones hagan lo suyo. Por tanto, podemos decir que el mismo acto de hablar es inducido por la emoción. Hacer una pregunta está movido por la *curiosidad;* discutir en contra de una acción ya planificada puede venir desde el *cuidado, miedo, prudencia* o cualquier otra emoción. Es más, determinadas declaraciones del lenguaje apuntan directamente a emociones específicas. Decirle a tu hijo que sea cuidadoso puede provenir desde el *amor*, y declarar que vas a viajar alrededor del mundo puede estar impulsado por la *aventura*, la *ambición* o el *orgullo*.

¿Por qué preocuparnos?

Si queremos construir una mayor experiencia en el dominio de las emociones necesitamos entender las distinciones que ya hemos cubierto, pero para conectar esas distinciones con nuestras vidas personales, debemos ser capaces de identificar nuestras propias emociones. La mayoría de nosotros nunca aprendió cómo hacerlo y, por lo tanto, puede que no seamos muy buenos en ello.

Recuerdo que de niño quería aprender a identificar todas las marcas y modelos de automóviles. Mis hermanos y yo tomábamos turnos para decir el nombre, modelo y año de los autos que veíamos en la calle y algunas veces estábamos de acuerdo, otras discutíamos cuando pensábamos que el otro estaba equivocado.

Por más tonto que fuera el juego, nos ayudó a aprender distinciones, inclusive muy finas, sobre autos similares al punto de saberlos automáticamente. Este método también resulta útil para aprender a distinguir emociones y acumular vocabulario.

Dado que podría resultar un poco extraño ir diciendo en voz alta a la gente las emociones que vamos sintiendo, un método mejor es escribir tu emoción muchas veces cada día y reflexionar sobre cómo identificaste que esa era la emoción que estabas sintiendo. Si no puedes nombrar una en particular, puedes escribir varias emociones o aquella que crees que es la más cercana. Si haces este ejercicio regularmente durante varias semanas, notarás que reconocerás y usarás una lista cada vez más grande. Escuchar a otros y ser curioso sobre cuál es la emoción desde la que están hablando también ayuda. Al fin y al cabo, la cantidad de distinciones que tienes sobre las emociones determina tu conocimiento o experiencia, como en cualquier otro campo.

Observando mis emociones

Soy coach y he descubierto que, en las conversaciones de coaching, existe una reticencia inicial a reconocer la importancia de la emoción, e inclusive la misma existencia de la emoción como elemento de la vida. Ayudar a coachees a reconocer la existencia de las emociones y a enfocarse en los eventos que provocan esas emociones ha sido una herramienta poderosa. El aspecto más impactante del taller sobre emociones fue ser invitada a sentarme sobre mis emociones y tomarme el tiempo para adentrarme en ellas ya sea sola o en presencia de otros para entender la emoción y su impacto con mayor profundidad.

Esto me permitió entender los aspectos más profundos de una emoción en particular —la alegría, el miedo o la ansiedad, por ejemplo— y, a través de una conciencia amplificada, elegir cuáles son beneficiosas para mí y cuáles no. Ahora practico la contemplación consciente para abrazar las enseñanzas que mis emociones pueden brindarme, y soy capaz de ayudar a otros a acercarse a los desafíos de la vida desde una actitud emocionalmente consciente. Sentir el

Capítulo 7: Emociones en la vida diaria

cambio a través de la conciencia emocional le da una profundidad invaluable a una conversación sobre el cambio. Ahora empleo esta metodología con mis coachees. Me he dado cuenta de que muchas veces no necesito "enseñar" sobre emociones de modo tan directo para que ellos aprendan, sino que simplemente los ayudo a reconocer y escuchar sus emociones para que el cambio suceda.

—K.M.

Cuando la expectativa se encuentra con la realidad

Cuando mi hija entró en la adolescencia, se volvió agresiva, irracional y acusadora. No tenía idea de cómo manejar este cambio y me sentía incompetente como madre y triste por haber perdido a "mi ángel". Un día me sentí especialmente alterada por la dinámica que se estaba generando entre nosotras. Ese mismo día, en una reunión de coaching grupal, "levanté mi mano para recibir coaching con Dan. Cuando comencé a articular mi frustración porque "las cosas no deberían ser así", Dan me hizo preguntas que desafiaron mis suposiciones: "cuando dices que 'las cosas no deberían ser así' ¿cuál es el estándar que tienes para eso? ¿Cuál es la historia sobre por qué las cosas no deberían ser así? ¿Qué es lo que está creando tus expectativas?"

La historia que surgió es que creía que, si yo era una buena madre, mi hija pasaría sus años de adolescencia sin tanta turbulencia.

En mi propia adolescencia luché mucho y siempre creí que era porque mis padres no habían estado presentes, ya sea física o emocionalmente. Por lo tanto, si yo era una figura presente en la vida de mi hija como mis padres no fueron en la mía, ella no tendría que sufrir. Y, como veía que ella también luchaba y sufría, yo estaba fallando como madre. Me sentí ridícula al decir las palabras. Pero ahí estaba.

Dan habló acerca de las expectativas y la decepción y cómo siempre estamos creando una historia sobre cómo "debería ser". el futuro Si la realidad no coincide con nuestras expectativas sentimos la emoción de decepción. Yo estaba decepcionada porque la historia que había creado sobre los años adolescentes de mi hija no eran lo que estaba sucediendo. Aprendí que, cuando la expectativa se encuentra con la realidad, la realidad gana. En la realidad, los adolescentes a menudo luchan y sufren sin importar qué tipo de padres tengan. Mi historia estaba generando las emociones fuertes que estaba sintiendo. Si podía cambiar la historia, las emociones también cambiarían. En vez de dejar que mi historia sea "estoy decepcionada porque las cosas no son como deberían ser durante sus años de adolescente", la cambié a "de hecho, soy una buena madre y su lucha es parte de lo que los adolescentes sienten al crecer. Es normal". Como pueden imaginar, mi hija continuó siendo guiada por sus hormonas, pero mi historia cambió y, junto con ella, mis emociones sobre ser madre y sobre mí misma.

—B.K.

Capítulo 8

EMOCIONES EN EL AMPLIO MUNDO

Hasta ahora, puede que las ideas y distinciones que hemos presentado te hayan resultado interesantes. Nosotros, los autores, encontramos que al hacer coaching y enseñar sobre emociones, el paso más desafiante para la mayoría de las personas es ver a las emociones en todo su esplendor y conectar su aprendizaje con sus experiencias diarias. En esta sección conectamos las emociones y estados de ánimo a algunas instancias claves en la vida. Cuando somos capaces de ver cómo los estados de ánimo y las emociones impulsan estas áreas o las direccionan, podemos comenzar a ver el enorme poder del campo emocional en todo lo que hacemos como seres humanos.

Organizaciones

Podemos pensar en una organización como "un grupo de dos o más personas que se juntan para hacer algo que no podrían hacer individualmente". Entonces, ¿qué es aquello que "los junta"? Dentro de las organizaciones explicamos este lazo en términos de visión, propósito o interés popio pero un modo poderoso de entender también esta dinámica es a través de la energía de las emociones. La emoción más crítica en cualquier organización es la *confianza*. La *confianza*, como hemos visto, es una emoción que nos permite coordinar acciones con otros. Es inconcebible que una organización exista sin ella y nos indica que, cada vez que vemos una organización, existe un determinado nivel de *confianza*, no importa cuán débil esta sea. Aunque una organización tenga esta debilidad, no obstante está apoyada en la *confianza*, solo que se encuentra en niveles bajos.

Por supuesto, la *confianza* es necesaria entre colegas pero también es altamente importante en el concepto de organización de otras maneras. Cuando se presenta un desafío serio en relación a la *confianza* que los clientes tienen en la organización o sus productos, este debe ser tratado con prioridad. En 1982, cuando murió mucha gente en Chicago por las cápsulas de Tylenol que habían sido alteradas, Johnson & Johnson retiró 31 millones de frascos con un valor de mercado de $100 millones de dólares. Advirtieron a sus clientes que debían evitar consumir sus productos, los mismos que el día anterior habían estado promocionando. Establecieron rápidamente que la alteración había sucedido dentro de las tiendas y no en sus líneas de producción, y aun así se hicieron cargo de los gastos. Ofrecieron a los clientes reemplazos de Tylenol en forma sólida para sustituir las cápsulas y en un envase a prueba de manipulaciones. Johnson & Johnson fue reconocida por haber hecho "lo correcto" y la mayoría de nosotros no discutiríamos esta evaluación pero, si vemos más allá de sus intereses comerciales o compromisos éticos hacia la razón de por qué sus acciones fueron tan importantes, encontraremos la emoción de la *confianza*. Su preocupación principal fue que los clientes continuaran o volvieran a "coordinar acción" con ellos. Pasado un año del incidente, Tylenol era nuevamente el más vendido en su categoría. Este es el valor de la *confianza*[2].

---

2 "Chicago Tylenol Murders," *Wikipedia*, https://en.wikipedia.org/wiki/Chicago_Tylenol_murders.

Capítulo 8: Emociones en el amplio mundo

Otra historia íntimamente conectada con la *confianza* es la del crecimiento y cambio de la industria automotriz. Cuando los autos japoneses estaban ingresando al mercado americano en los 60, los fabricantes necesitaban establecer la idea de que sus autos eran confiables. En esto se concentraron a través de décadas, al punto de que Toyota y Honda se volvieron los vehículos más confiables del mundo. Necesitaban convencer a los clientes de que un motor de cuatro cilindros era tan durable y confiable como uno de seis u ocho cilindros, que era la norma en ese momento. La gente se refirió al éxito de Toyota en el mercado estadounidense de muchas maneras pero fundamentalmente estuvo basado en una evaluación creciente de *confianza* entre los clientes. Sin un nivel suficiente de *confianza*, la gente no habría "coordinado acción", en este caso demostrada a través de la compra de automóviles. Por el contrario, la situación actual de Volkswagen también es una de confianza. Parece ser que Volkswagen no fabricaba el motor de diésel que decía que fabricaba, y escondió este hecho. Dado que la *confianza* se basa en sinceridad, competencia y fiabilidad, ellos vieron cómo disminuían las tres y cómo la intención de los clientes de interactuar con ellos decrecía a la vez que la sospecha se incrementaba.

Otra emoción que es una característica regular de las organizaciones es la *lealtad*. La *lealtad* es la emoción que nos predispone a cuidar los límites del grupo. Dentro de las organizaciones puede haber *lealtad* hacia la visión, la estructura, el líder o los productos. El grupo particular en el que un empleado se ve a sí mismo como parte de él determinará el nivel de *lealtad* que tiene y a quién o qué defenderá. Aunque la *lealtad* es una emoción necesaria dentro de las organizaciones, no siempre es beneficiosa. Un empleado que es ciegamente *leal* a un líder corrupto lo apoyará en cada caso pero será en detrimento de la organización, el equipo o el público. Un empleado *leal* a su organización puede ir contra su jefe, lo cual puede tener consecuencias negativas en su carrera.

Otras emociones que se encuentran a menudo creando y sosteniendo las organizaciones incluyen el *miedo* (de que la organización pueda fallar y que los empleados podamos perder nuestro sustento), el *orgullo* (la creencia de que hemos hecho algo bueno y queremos compartirlo con otros), la *satisfacción* (la sensación de que tenemos suficiente —éxito, por ejemplo— y, por consiguiente, estamos felices), o *pasión* (estamos profundamente inmersos en lo que estamos haciendo y lo amamos por el bien de hacerlo). Por supuesto, es posible que cualquiera de los cientos de emociones aparezcan en una organización, y a veces lo harán, pero entender las emociones más comunes puede ayudarnos a saber aquello que podemos estar ignorando, y nos permite enfocarnos en generar las emociones que mueven la organización en la dirección deseada.

Los estados de ánimo, como la energía subyacente, tienen un rol diferente en las organizaciones. Los estados de ánimo nos informan nuestra interpretación de las experiencias, por lo que una organización que esté en estado de ánimo de *ambición* verá un mundo lleno de posibilidades y querrá aprovecharlas. El estado de ánimo de *seriedad* resultará en tomar seriamente la misión y a sus integrantes, mientras que el *servicio* tendrá la misión de cuidar del bienestar de otros. Si es el estado de ánimo, estará presente en todas las conversaciones y actividades de la organización, a menudo inconscientemente. Una desalineación entre estado de ánimo y actividades organizacionales impedirá el éxito. Es difícil imaginar que una compañía en estado de ánimo de la *vergüenza* pueda promover sus productos y servicios efectivamente.

Liderazgo

Si consideras el rol de cualquier líder, este sería llevar su organización del presente hacia el futuro. Generalmente pensamos que los buenos líderes

Capítulo 8: Emociones en el amplio mundo

son aquellos que pueden hacerlo generando una visión de futuro que logre *entusiasmar* a otros y quieran ayudar a crearla. A menos que el rol de un líder esté asociado a cerrar una organización, tendemos a asociar el liderazgo con crecimiento y sostenibilidad. Bajo cada una de estas ideas podemos identificar comportamientos específicos —comunicación clara, visión coherente, compromiso activo— y cada uno de estos comportamientos descansa en una base de emociones particulares. *Respeto, entusiasmo, cuidado* o *inspiración*, son buenas candidatas.

A la hora de enfrentar un desafío particular, puede decirse que el trabajo del líder es, fundamentalmente, "generar las emociones y estados de ánimo dentro de la organización que permitan que se hagan las tareas que se tienen que hacer". *Miedo, urgencia* o *competencia* así como *lealtad, orgullo* o *entusiasmo* pueden ser valiosas cuando generan las acciones necesarias en ese momento. El líder experto, ya sea intuitiva o deliberadamente, depende de emociones para moverse a sí mismo o a su equipo. A menudo pensamos en líderes fuertes como movilizadores, agitadores o como carismáticos, pero no solemos adentrarnos en examinar la fuente de estos atributos.

Política

Generalmente pensamos que la política está motivada por creencias—liberales, conservadoras, socialistas, democráticas, marxistas, libertarias—y es casi exclusivamente donde ponemos nuestra atención cuando consideramos a los candidatos. Las creencias, sin embargo, son simples historias que cocrean ciertas emociones. Por ejemplo, si vivimos en el estado de ánimo de la *prudencia*, y en particular en término de nuestros recursos financieros, probablemente tendamos a inclinarnos hacia el punto de vista conservador de mantener un pequeño gobierno que sea fiscalmente responsable. Si vivimos en un fuerte estado de ánimo de *compasión*, podemos moderar esa posición y considerar un gobierno más grande que pueda brindar más servicios sociales a gente con necesidades reales y probadas. En este ejemplo, lo que apuntala nuestras creencias políticas son las emociones de *prudencia y compasión*. Si *tememos* por nuestra seguridad personal, puede que nos atraiga la idea de una fuerza de mayor poder, ya sea de policía, bomberos o militares. Sin embargo, si nuestro *miedo* es hacia la interferencia del gobierno en nuestras vidas o la intimidación, nuestras creencias pueden inclinarse hacia el liberalismo. En síntesis, son los estados de ánimo y las emociones predominantes en nuestras vidas las que dirigen nuestra visión política.

Ser líder político no es diferente, y el hecho de que alguien elija la política como vocación estará íntimamente relacionado con sus emociones personales. Otto von Bismarck dijo una vez: "la política es el arte de lo posible". Si tomamos esa definición, la pregunta obvia es: ¿qué emociones abren posibilidades? Si mi estado de ánimo es el *servicio*, seré un líder servidor. Si domina la *codicia*, buscaré las ventajas financieras que pueda ganar en una posición política. Ser un líder político puede estar relacionado con un fuerte estado de ánimo de *ambición* de crear la mejor nación/estado/ciudad que podamos tener, *entusiasmo* por las posibilidades que podemos generar, *esperanza* por nuestro futuro, *arrogancia* de ser mejor líder que otros, o *dignidad* por cada uno como ciudadano legítimo.

Además, dada la complejidad del ambiente político creada por el cambio constante, la *confianza* se constituye en la emoción que nos conecta con el propósito y el impacto que nuestras acciones como políticos tendrán sobre otros. Si el *amor* es la habilidad de mantener la legitimidad del otro, tiene un rol central en la política que dice ser "de la gente y para la gente". Las conversaciones reales comienzan con la *aceptación* de la legitimidad del otro. Considerar

Capítulo 8: Emociones en el amplio mundo

la política y filosofía política a través del lente de las emociones como un medio para una comprensión más profunda puede ser muy iluminador.

Ciencia

Cuando el método científico era una materia escolar, estaba basado en la proposición de que la ciencia era "libre de valores e imparcial". Aprendimos que para que esas cosas se den, un científico debía ser "objetivo" en sus pensamientos y experimentos. Estos estándares fueron intentos de hacer de la ciencia una materia menos propensa a las creencias previas de la gente y abrirla a considerar cualquier evidencia que pudiera ser hallada inmerecida a través del estudio. La idea de ser *objetivo* (juicio basado en fenómenos observables y no influenciado por las emociones o prejuicios personales) estaba basada en la idea de que uno puede ser observador de algo sin influenciarlo o volverse parte de él[3]. En escala y con las herramientas disponibles cuando el método científico fue propuesto, parecía que la *objetividad* era posible y que todo lo que necesitábamos era ser rigurosos para mantenerla. Quizás la distinción faltante era que un *proceso* podía ser objetivo pero que la *persona* que lo creara y experimentara no podía serlo. El surgimiento de la teoría cuántica demostró que la objetividad como la habíamos entendido hasta ese momento, no era posible. El observador siempre influenciará el experimento porque es un observador particular. Ese cambio también implica que aquellos que practican la ciencia no lo hacen desde un estado no emocional.

Es claro que ninguna ciencia podría suceder sin la emoción de la *curiosidad*. A veces, como en el caso de una crisis de salud pública, la *urgencia* puede guiar el estudio. El *cuidado* o el *servicio* suelen ser parte de la mezcla,

---

3 "Objetividad" *The Free Dictionary*, http://www.thefreedictionary.com/objectivity.

pero lo fundamental en toda la ciencia es la emoción del *escepticismo*. Dado que el *escepticismo* es la emoción que nos permite distinguir aquello en lo que creemos (porque encaja con nuestra comprensión del mundo) de aquello en lo que no creemos, es esencial para la investigación científica. Es la emoción que nos hace preguntarnos si estamos seguros de que "X provoca Y" y si habrá un modo de estar más seguros. Es también la emoción que nos obliga a buscar evidencias que sean lógicamente irrefutables. Ninguna esfera de la actividad humana se encuentra fuera de las emociones porque los humanos somos seres emocionales. Podríamos decir que las emociones son parte, un elemento, de todas las actividades humanas porque son parte de cada humano. Una vez más, la pregunta no es si son emociones "buenas o malas" sino qué nos permiten hacer y qué no. En el caso de la ciencia, el *escepticismo* es una emoción central que hizo y hace que esta sea tan exitosa. En ese sentido y en ese contexto, el *escepticismo* ha sido un regalo para la humanidad pero debemos ser cuidadosos de no asumir que es superior a cualquier otra emoción.

Psicología

En parte como fruto de la confianza que depositamos en pensar de una manera científica, encontramos un número creciente de modos de aplicarlo más y más en áreas de la experiencia humana. Uno de estos fue la medicina o "la ciencia y arte del diagnóstico y el tratamiento de enfermedades o lesiones y el mantenimiento de la salud"[4]. Dentro de la medicina, enfocamos nuestra atención en "la ciencia que trata con procesos mentales y el comportamientos" y la empleamos para entender "las características emocionales y conductuales de un individuo, grupo o

---

4 "Medicina," *American Heritage Dictionary*, 5ta ed., http://www.thefreedictionary.com/medicine.

Capítulo 8: Emociones en el amplio mundo

actividad", que llamamos psicología[5]. A través de estas definiciones, las emociones terminaron dentro del dominio de la psicología. En occidente en particular, estamos acostumbrados, aunque sea por hábito, a depositarlas allí. Cuando comenzamos a ver a las emociones como un área de estudio, solemos dirigirlas por defecto hacia la psicología y sus estudios extendidos de asesoramiento y psicoterapia porque esta ha sido nuestra comprensión tradicional.

La afirmación que los autores hacen al respecto es que, si bien esto ha sido y es útil para construir, comprender y aprender sobre el campo emocional, es también restrictivo. Las emociones y los estados de ánimo existen fuera de la psicología y, dado que la psicología se basa en un modo de observar que está fundamentado en la ciencia, solo puede ver a las emociones desde una perspectiva. Eso la enceguece a otras interpretaciones que pueden ser útiles de considerar. La interpretación ontológica que presentamos es una de esas maneras. La distinción clave entre ver las emociones desde una perspectiva psicológica tradicional y desde una ontológica es que la visión psicológica estuvo basada en el modelo médico, que incluye un paciente enfermo y un doctor que intenta curar esa enfermedad, mientras que el modelo ontológico está simplemente basado en el aprendizaje. Es un modelo epistemológico y no está diseñado para abordar la enfermedad sino para explorar nuestro conocimiento y comprensión de las emociones. También apunta a la practicidad, lo que significa que la gente educada en esta interpretación de las emociones se entenderá mejor a sí misma y será, por lo tanto, más capaz de navegar la vida independientemente.

Los autores queremos ser absolutamente claros en que, desde nuestro punto de vista, la idea presentada no disminuye de ningún modo el valor de la psicología o su compromiso para entender y trabajar con las emociones. Ambos autores han sido beneficiarios de la intervención psicológica por lo que pueden confirmar su valor desde la experiencia. Al mismo tiempo, podemos ratificar el valor del acercamiento

---

5 "Psicología," *American Heritage Dictionary*, 5ta ed., http://www.thefreedictionary.com/psychology.

ontológico. Entendemos que la idea de estudiar y entender las emociones fuera de la psicología puede desencadenar determinadas emociones. *Incredulidad, escepticismo* y *duda* pueden ser algunas. También nombraríamos *esperanza, entusiasmo* y *curiosidad*. No creemos que sea una situación en que una excluya a la otra, y este libro es una invitación a construir nuestra comprensión colectiva de las emociones de una manera que las convierta en herramientas prácticas para nuestra vida diaria.

Dinero

Solemos pensar que el fenómeno del dinero es fundamentalmente matemático, probablemente porque lo expresamos a través de números. Sin embargo, muchos organizadores financieros enseñan que la relación de la gente con el dinero es prácticamente emocional. Cada uno de nosotros tiene una historia con el dinero. Si esa historia es que "el amor por el dinero es la raíz de todo mal" (como propone la Biblia), podemos sentir las emociones de *repugnancia, desagrado* o *desaprobación* al tratar con el dinero, y esto nos predispondrá a evitar interactuar con él. Podríamos tener la historia de que "el dinero hace que el mundo gire", en cuyo caso las emociones *deleite, ambición* o *excitación* nos predispondrán a acercarnos al dinero de otro modo. Lo que podemos sacar de esto es que el entendimiento del dinero tiene que ver sobre todo con la relación que tengamos con él basados en nuestras historias y emociones.

Religión

Religión significa reconocer y comprometerse con vivir de modo consistente con el deseo de un poder o poderes superiores. Hay dos estados de ánimos fundamentales para la religión: *fe* y *reverencia*. *Fe* significa que *confiamos* en algo aunque no tengamos evidencia de que sea verdad. Podemos tener *fe* en un dios, el universo, la vida, otra gente, nosotros mismos, la ciencia, la naturaleza. En otras palabras, la *fe* no está limitada a lo material o lo inmaterial. La predisposición de la *fe* es creer más allá de la evidencia. Nos permite a los humanos operar en un espacio más grande que el definido por la evidencia material. Tener *fe* en algo no significa que sea verdad o La Verdad, solo que creemos que podemos apoyarnos en eso y no necesitamos prueba que respalde nuestra creencia. *Reverencia* significa que sentimos *temor* de algo que veneramos. Estos dos estados de ánimo y el poder superior particular en el que creemos dan forma a nuestras prácticas religiosas.

Publicidad y marketing

Mirar al marketing y a la publicidad a través del lente de las emociones revela que ellas son la herramienta principal utilizada para impulsar las acciones del consumidor. A veces las emociones son expresadas directamente:

- "Me *encanta*" (McDonald's)
- "Destapa *felicidad*" (Coca-Cola)
- "La *felicidad* se mide en kilómetros" (BMW)
- "La *pasión* siempre gana" (BMW)
- "Los programas de *lealtad* deben ser *leales*" (Delta)
- "*Impresionante. Inspirador*" (Mercedes-Benz)

Otras veces insinúan o sugieren:

EMOCIONES: UN REGALO POR ABRIR

- "Nada es imposible" (Adidas) —*Inspiración*
- "¿Hasta dónde quieres llegar hoy?" (Microsoft) —*Aventura*
- "Te ayuda en tu trabajo, descanso y ocio" (Mars) —*Servicio*
- "Solo hazlo" (Nike) —*Ambición*
- "Los diamantes son los mejores amigos de una mujer" (Cartier) —*Lealtad*
- "Nos esforzamos más" (Avis) —*Persistencia*

Los lemas que sugieren que tu producto cuenta con más características, es el más elegante o que nuestro cuidado de la salud te ayudará a evitar el dolor, todos están basados en el impulsor esencial de las emociones. Distintas categorías tienen sus emociones preferidas y más útiles. El *miedo* y la repugnancia suelen ser empleados en publicidades que buscan cambiar comportamiento autodestructivo como fumar cigarrillos o tomar drogas ilícitas como metanfetamina; el *disfrute* suele usarse para vender bienes personales, y la *pasión* para los bienes que queremos que los demás admiren. El valor de entender las emociones específicamente es que podemos decodificar el mensaje del marketing en el momento y entender cómo nos influencia. Si es así, podemos basarnos en nuestras propias creencias y emociones para tomar nuestras decisiones. Si nos vemos llevados hacia una acción *urgente* por un aviso que dice que "solo quedan tres asientos disponibles" o que "otras treinta personas reservaron en este hotel en las últimas 24 horas", puede que no tomemos la mejor decisión para nosotros mismos. Solemos llamarlo "pensar por nosotros mismos" pero es la manera de "sentir por nosotros mismos". Enseñarles esto a nuestros hijos es doblemente importante ya que no cuentan con el mismo poder de discriminación racional y emocional como los adultos para elegir.

Capítulo 8: Emociones en el amplio mundo

Consumismo

Alrededor de 1965, la palabra consumismo comenzó a significar "fomentar el consumo como política económica." [6] Desde ese momento, ha sido común referirnos a nosotros mismos como consumidores y que comprar sea un modo de entretenimiento. ¿Cómo se relaciona con las emociones? Una manera es que comprar y poseer bienes materiales es guiado por emociones. Sentimos que podemos soportar los caprichos de la vida mejor si tenemos comida en el refrigerador o zapatos en el clóset, entonces nos sentimos *seguros*. Comprar suele ser un antídoto al *aburrimiento* y es promovido a través del estímulo de la *insatisfacción* o la *excitación* y a veces incluso se lo relaciona con ser un ciudadano *leal*. Dado que el *aburrimiento* es la emoción que nos dice que "aquí no hay nada de valor para mí", nos inclinamos a comprar algo nuevo, que es lo que nos hace consumidores.

Cultura

Los autores creen que la cultura puede ser entendida como "un modo específico en que un grupo entiende y enfrenta los desafíos en la vida". Ya sea que vivamos en un grupo familiar, de negocios, vecindario, estado, nación o en una comunidad religiosa, los tipos de interacciones que son esperables o aceptables, nuestro ritmo de comidas y nuestra relación con el mundo material y el mundo espiritual, están definidos por la cultura. Entonces, una cultura está determinada por las reglas tácitas y explícitas de cualquier grupo, y estas reglas surgen de similaridades en la forma de ver la vida.

La emoción principal asociada con la cultura es la *lealtad*. Esta es la emoción que significa que me veo a mí mismo como parte de un grupo y

---

6 "Consumismo," *Online Etymology Dictionary*, http://www.etymonline.com/index.php?term=consumerism.

defenderé sus límites de ser necesario. Otra emoción que tiene lugar en la cultura es la *confianza*. Así como existen emociones que generan cultura, existen emociones que mantienen la cultura. La principal es la *vergüenza*. La historia de la *vergüenza* es que "soy consciente de que he roto las reglas de la comunidad". Si no soy consciente o no reconozco que he cruzado cualquier límite cultural no sentiré *vergüenza*. Las reglas que rompí pueden o no ser explícitas. El intenso malestar que la *vergüenza* provoca nos mantiene en el camino del cumplimiento de las reglas del grupo al que pertenecemos, ya sea étnico, nacional, organizacional o espiritual.

Cuando examinamos la relación de la cultura con los estados de ánimo y las emociones, a menudo no miramos a los estados y emociones por sí mismos sino a la expresión de ellos. Decimos que los italianos son expresivos, que los canadienses no lo son, que los norteamericanos son ruidosos y que los suizos son reservados, mientras que los banqueros son formales, las figuras del deporte son agresivas y los educadores son amables. Si bien esto puede ser útil para entender cómo interactuamos con aquellos de contextos culturales específicos, no define todas las emociones que los miembros de esa cultura poseen, sino las que ayudan a preservar las reglas del grupo.

La experiencia de los autores es que todos los seres humanos tienen un rango similar de emociones posibles. Es decir, que la *historia de la injusticia* que provoca una emoción que en castellano llamamos *rabia* existe para todo el mundo, sin importar su origen. La relación de la cultura con la rabia, si es una emoción que está permitida sentir y expresar en esa cultura, es otra cuestión. Como sucede en cualquier país, si pasas tiempo en los Estados Unidos, podrás notar que hay emociones que son aceptadas y preferidas, y hay aquellas que son negadas o consideradas desagradables o tabú. El *entusiasmo* y la *ambición* son dos que encontrarás sumamente entrelazadas con el modo de ser norteamericano. Emociones como la *aceptación* (en la interpretación que presentamos antes)

Capítulo 8: Emociones en el amplio mundo

o la *tristeza* no son ampliamente consideradas como útiles o valiosas. Como dijimos antes sobre nuestra interpretación de las emociones, no es útil pensar en las emociones como "buenas" o "malas". Las emociones son, simplemente, la energía que nos mueve, que guía nuestras acciones y cocrea nuestras historias sobre nosotros mismos y el mundo que nos rodea. Entonces, no estamos ni alabando ni criticando a los Estados Unidos al observar qué emociones están más presentes y son más practicadas, y hacerlo puede ayudarnos a entender a los observadores lo que los norteamericanos son colectivamente.

Si no consideramos al norteamericano o a cualquier otra cultura desde esta perspectiva, terminaremos con una comprensión bastante superficial sobre ella. No es necesario aclarar que cualquier subgrupo o individuo perteneciente a una cultura puede tener una orientación emocional muy diferente, pero hay una visión colectiva que permite un conocimiento hacia dentro de la cultura y probablemente juegue un determinado rol en la identidad del individuo.

Todas estas observaciones pueden aplicar a cualquier cultura, ya sea étnica, nacional, regional, organizacional, lingüística o demográfica. Cada una tendrá su propio conjunto de creencias, valores, reglas y estándares, y un examen más minucioso de ellos mostrará un vínculo a su composición emocional única. Entender el valor que una cultura pone sobre las emociones en general o sobre emociones específicas es clave para entender por qué la gente de ese entorno cultural vive su vida del modo en que lo hace. Si queremos entender al otro verdaderamente, debemos adentrarnos significativamente en esta área.

Deportes competitivos

Los deportes son competencias físicas con el objetivo de determinar, de acuerdo a determinadas reglas, quién es el mejor de los competidores. Pero

EMOCIONES: UN REGALO POR ABRIR

pensar que los deportes se tratan solo de logros físicos es perdernos la importancia de las emociones que ponen al cuerpo en acción. Sin *anhelo*, *pasión* y, a veces, *arrogancia*, no habría razón para comprometernos. Sin *alegría*, *orgullo* y, a veces, *petulancia*, no habría entusiasmo al ganar. La historia del que lleva las de perder contra un rival más fuerte o más talentoso es una historia arquetípica que se remonta a los tiempos de David y Goliat. Estas historias están basadas en las emociones de *esperanza* y *admiración*.

Detrás de las emociones de los competidores están las emociones de los fanáticos, los entrenadores, los dueños de los equipos, los sponsors y todos aquellos que formen parte del sistema deportivo. Ya sea que los fanáticos sean de tipo "contigo hasta la muerte" o de los que desaparecen en "tiempos difíciles", la *lealtad* es su guía emocional. Alguien que esté feliz cuando su equipo va perdiendo porque les da razones para lloriquear probablemente esté siendo guiado por *resentimiento* o *cinismo*. Y aquellos que celebran la victoria lo hacen por *orgullo*, *satisfacción* y, a veces, *venganza*.

En las últimas décadas hemos podido observar un aumento en el desarrollo de los deportes extremos. A veces podemos notarlo en los cambios de reglas que permiten que los competidores vayan más rápido o tomen más riesgos, pero es aún más evidente en el desarrollo de nuevos deportes. La expansión de deportes extremos fue generada por la emoción de *excitación*. La *excitación* siempre busca replicarse y elevarse. Entonces, los eventos deportivos buscan generar un nivel de excitación más elevado, y la emoción se autoalimenta. Junto a las otras emociones, el mundo deportivo actual se construye sobre esta emoción. Augura un desarrollo continuo de deportes de este tipo dado que la excitación nunca puede ser satisfecha y, entonces, podemos esperar extremos crecientes de mayor rapidez, altura, profundidad, distancia y un mayor riesgo cuanto mínimo aparente porque, sin ellos, no habría un incremento en la excitación.

Capítulo 8: Emociones en el amplio mundo

Las artes

De todas las actividades humanas, las más reconocidas por tener una raíz emocional son las artes. Imagina un concierto musical y considera cómo está diseñado para generar o provocar emociones específicas. Puede ser *admiración* por el virtuosismo de un director o un violinista clásico, la *ira* de un concierto de metal pesado o el *deleite* provocado por un cantante de jazz. Cuando un tipo de música particular no cumple con su base emocional fundamental, generalmente será catalogada como *decepcionante*, lo cual es otra emoción. Además de las emociones de la audiencia están las emociones del músico, pintor o bailarín. Para ellos, *pasión, anhelo* u *orgullo* pueden ser parte del mix. La *rabia,* la *ira* o la *decepción* también pueden alimentar sus producciones. Es fácil imaginar aquellas emociones presentes cuando Picasso pintó el *Guernica,* memorizando el ataque alemán sobre una ciudad durante la Guerra Civil Española. Las emociones que constituyen el paisaje cultural de una nación probablemente se vean reflejadas en su arte, lo que significa que observar su arte puede ser un punto de entrada a entender lo que es y no es importante para sus ciudadanos.

Aprendiendo a mostrar mi mejor lado emocionalmente

El aprendizaje emocional ha cambiado literalmente mi vida personal y profesional. Durante una intensa conferencia de una semana, note que cada vez me sentía más abrumado mental y emocionalmente, sin consolidar el aprendizaje y con la ansiedad amontonándose. Comencé a preguntarme cuál era mi "problema".

¿Por qué me era tan difícil acceder al aprendizaje? ¿Por qué luchaba? Durante una conversación supuestamente fortuita con mi coach se lo comenté y él me hizo una pregunta que cambió mi vida. "¿Has considerado que quizás seas introvertido?". En la cultura occidental esto no es un halago, al menos desde mi punto de vista. Somos la tierra de los audaces, los activos, los triunfadores —atributos estos que yo no asociaría a la introversión -. Además, en varias evaluaciones, mi resultado había sido valorado como extrovertido, así que tenía "validación científica". Desafortunadamente, resultó ser que estaba errado en muchos frentes.

Dan, en su modo suave pero increíblemente efectivo, me ayudó a ver que tenía fuertes tendencias introvertidas, que mi sensibilidad emocional era parte de mi estructura y que, al no saberlo, me estaba causando sufrimiento no intencional. En talleres anteriores siempre había dado paseos solo por la naturaleza, pero en esta conferencia elegí estar con otros la mayor parte del tiempo. Al parecer, no fue la mejor idea. Necesitaba estar solo, procesar, relajarme, no ser estimulado por otros. El inmenso regalo que Dan me brindó fue no solo disipar las ideas erróneas que tenía sobre la introversión, sino que, y más importante, me ayudó a tener una visión clara sobre qué debo hacer para cuidarme y mostrar mi mejor lado, emocionalmente. Gracias a Dan ahora puedo hacer peticiones efectivas acerca del tiempo que necesito para estar solo y tengo la oportunidad de mostrarme comprometido, presente y feliz con la vida.

—E.C.

Capítulo 8: Emociones en el amplio mundo

Historia

La historia puede ser, y a menudo es, presentada como una serie de hechos, fechas y nombres y, por lo tanto, puede parecer sosa, sin vida. Pero la historia también puede ser vista como una coreografía emocional conforme avanza el tiempo. Las recesiones y depresiones económicas que precedieron a ambas guerras mundiales pueden ser entendidas como un momento en que muchos países estaban en estado de *desesperación* o *desesperanza* desde un punto de vista emocional. Los 60 suelen ser catalogados como la década de la *rabia* que produjo rebeldía, y los 80 como la década de la *codicia* que llevó a que hubiera economías desequilibradas. Las cruzadas cristianas fueron guiadas por emociones como la *piedad* y la *venganza* por haber "perdido" Jerusalén a manos del Islam, mientras que la exploración en todas sus formas fue (y es) alimentada por la *curiosidad, la maravilla*, la *ambición* y emociones similares.

Los imperios se construyen sobre las emociones de la *confianza* (que nosotros, los conquistadores, poseemos la habilidad de gobernar mejor que otros) o *desconfianza* en que otros tengan el poder, *ambición* de tener más riqueza o *sensación de derecho*, de que "merecemos ser los gobernantes". El combustible de la conquista viene de emociones específicas, que están relacionadas a las historias que creemos sobre nosotros mismos y otros. La historia humana ha sido descrita como "un drama en despliegue" y nosotros agregaríamos que el drama es una expresión intensificada de las emociones.

Geografía

La relación entre las emociones, los estados de ánimos y la geografía toma muchas formas. Los paisajes naturales suscitan emociones que van del *temor* a la *serenidad*. Aunque hablamos de visitar sitios específicos por su "belleza escarpada" o su "amplitud", estas "razones" se basan en las emociones que sentimos al estar allí. Determinados lugares también tienden o suscitan determinados estados de ánimo. Las islas suelen ser vistas como "aisladas", lo cual puede venir de un estado de ánimo *pacífico* y de la creencia de que no seremos molestados, o de la *tristeza* porque nos sentimos físicamente distanciados de otra gente o áreas. El estado de ánimo de las ciudades que se desarrollaron a lo largo de los ríos es distinto al de aquellas que se desarrollaron junto al océano. Las regiones montañosas generan un estado de ánimo diferente al de las que se extienden sobre planicies o deltas. Dado que las emociones y los estados de ánimo son lo que nos pone en acción, entender la influencia de la geografía sobre el estado de ánimo de un lugar y su gente es esencial para entender su visión del mundo.

Género

Una de las preguntas a las que más se enfrentan los autores es si creemos que las mujeres son "más emocionales" que los hombres. Si la pregunta intenta averiguar si las mujeres tienen una variedad más amplia de emociones posibles que los hombres, diríamos que no. Sería imposible saberlo pero, basados en nuestras observaciones, creemos que ambos géneros tienen un rango similar de emociones. Si la pregunta apunta a si las mujeres sienten sus emociones más que los hombres, nuestra respuesta es: no lo sabemos. Ha sido demostrado que las mujeres poseen una habilidad natural mayor para discernir matices en colores en comparación con los hombres y, cuando se entrenan, tienen una mayor competencia en actividades como combinar fotografías según color. No todas las mujeres, aunque sí muchas, tienen esta habilidad superior natural y está relacionada al género. Entonces, las mujeres pueden sentir las emociones

Capítulo 8: Emociones en el amplio mundo

más que los hombres en general, pero diríamos que hasta cierto punto depende de qué aprendiste sobre las emociones al crecer y también de cuánta atención y *confianza* depositas en sentir las emociones. Si la pregunta pretendía saber si las mujeres son más expresivas de sus emociones que los hombres, diríamos que en general es verdad pero es algo que se aprende, no es innato.

La pregunta de cuál género es mejor para las emociones es, para nosotros, esencialmente académica. Así como cualquiera que cuente con la capacidad de escuchar puede aprender a enfocarla y escuchar de distintos modos y con menor o mayor detalle, o cualquiera que puede aprender a caminar lo hace más o menos efectivamente, lo mismo resulta para las emociones. Todos fuimos congraciados con emociones como atributo humano y el trabajo que enfrentamos es aprender más sobre ellas, practicarlas y enseñar su significado y cómo navegarlas a otros.

Ismos

Nacionalismo, consumismo, evangelismo, socialismo, expansionismo, imperialismo, reduccionismo, humanismo, materialismo... estos ismos y muchos más describen una certeza o creencia que está relacionada a varias emociones clave. Cuando alcanzamos un nivel de creencia de que algo no es solo útil para direccionar nuestras vidas sino que es el único y "verdadero" modo de entenderlas, hemos llegado al nivel de un "ismo". La emoción subyacente de cualquier ismo es la *rectitud*. Esta es la emoción que nos permite ser inequívocos en nuestras creencias y nos permite estar absolutamente seguros de que nuestras creencias son "la Verdad". Puesto de este modo, puede sonar negativo pero, de hecho, da lugar a posibilidades que ninguna otra emoción brinda. A fin de promover o defender una idea sin reservas, puede que necesitemos la emoción de *la rectitud*. Tiene una gran sombra, ya que su fuerza requiere que cualquier otra creencia sea vista como equivocada, lo que significa que será ignorada o destruida.

Cambio climático

En la conversación actual sobre el cambio climático miramos a la ciencia (producto del racionalismo) para que nos salve. Desde luego que tenemos la habilidad de cambiar aspectos fundamentales del planeta a través de la tecnología (la cual es fruto de la ciencia también), pero no solemos considerar las emociones que han guiado a la ciencia y la tecnología en primer lugar. Estamos *frenéticos* y cada vez más *desesperados* por acciones que desaceleren o detengan el ímpetu. Hay llamadas para usar menos recursos pero, si comprendemos que todas las acciones son generadas por emociones particulares, podemos ver que esto no aborda el problema en su nivel más fundamental. Ese nivel son las emociones y los estados de ánimo en que los humanos vivimos. La emoción de *insatisfacción* con lo que tenemos y la constante lucha por el desarrollo es una guía. La emoción de *creer que tengo el derecho a algo* —que el mundo nos debe algo— es otra. La *ambición* por construir y cambiar es otra.

Extrañamente, en todas las conversaciones que se dan sobre hacerle frente al cambio climático y a otros problemas mundiales, casi ni una palabra trata sobre las emociones y los estados de ánimo fundamentales que nos impulsan. Es como si estuviéramos colectivamente ciegos al poder de las emociones para movernos hacia la acción. Si es verdad que el cambio climático es resultado de *actividades humanas*, como suele decirse, entonces ¿por qué no hemos adoptado emociones que nos permitan ser *constructivamente inactivos*? ¿Qué cambiaría si eligiéramos colectivamente un ser emocional diferente para

Capítulo 8: Emociones en el amplio mundo

nuestras actividades? ¿Qué tal la *gratitud, la maravilla, el respeto*? ¿Serían la *complacencia* o el *contento* alternativas tan malas a la *codicia* y *éxito*?

Pero, por supuesto, para que esto suceda necesitaríamos entender el dominio emocional de otro modo. Necesitaríamos creer que es un dominio de aprendizaje legítimo y que poseemos la habilidad de elegir el estado de ánimo en que vivimos. Necesitaríamos ver que las emociones tienen un poder constructivo tan grande como el de la razón y que, de hecho, ambas son una combinación *maravillosa* cuando se las emplea juntas. Necesitaríamos aprender a escuchar por debajo de las historias que nos contamos a nosotros mismos, a la emoción que genera la historia y al observador al que le pertenecen esas emociones. En síntesis, necesitaríamos cambiar nuestra comprensión de lo que significa ser humano y abrazarnos como un todo en vez de solo aceptar nuestros dones intelectuales.

De la culpa a la satisfacción

Siempre me he sentido culpable por no pasar suficiente tiempo con mis hijos cuando estoy en el trabajo y por no pasar suficiente tiempo en el trabajo cuando estoy con mis hijos. Mi coach me ayudó a distinguir entre la emoción de culpa y la emoción de insatisfacción. Esto fue muy liberador para mí. Había pasado años paralizada, creyendo que lo que sentía era culpa, pero la emoción que sentía era insatisfacción, y, por lo tanto, había muchas cosas que podía poner en práctica para generar satisfacción. Comencé a hacerme preguntas como "¿cómo sería la satisfacción?", "¿qué pasos puedo tomar para lograrla?", "si la logro ¿cómo se sentirá?". Una vez que empecé a imaginar la emoción de satisfacción, nuestra conversación nos llevó a un asunto más amplio, el de reflejar esta satisfacción en volverme más "Reina" (contenta, aprobadora, suficiente) en mi vida. Todavía estoy en medio de esta exploración, pero estoy disfrutado más el tiempo con mis hijos y en el trabajo y estoy en el arduo trabajo de convertirme en alguien más majestuosa o regia en otras áreas de mi vida.

—H.W.

Capítulo 9

CONCLUSIÓN

No pasa un solo momento en que no estemos experimentando una emoción. Nada de lo que hacemos (o no hacemos) sucede sin la energía de las emociones. Así como nuestro corazón late sin interrupción seamos conscientes de ello o no, las emociones fluyen a través de cada uno de nosotros. Y así como a menudo subestimamos nuestros corazones, igualmente con frecuencia no nos damos cuenta de la importancia fundamental de nuestras emociones.

Escribimos este libro con la idea de que pueda ayudarte a ser consciente, observar, prestar atención y aprender sobre algo que es parte de ti mismo y es una compañía constante. Las emociones pueden ser uno de nuestros "bienes" o herramientas más importantes que enriquecen cada aspecto de nuestra vida cuando desarrollamos una comprensión y apreciación por ellas. Las historias que hemos aprendido que dicen que las emociones no son útiles, que se interponen, que son caprichosas, arbitrarias o algo de lo que avergonzarnos ya no nos sirven. Es hora de tener una nueva mirada y aceptar el regalo que nos ha estado esperando.

Dan y yo te deseamos un viaje increíble hacia la conciencia y alfabetización emocional. Si llega a ser parecido al nuestro, tendrá sus momentos de maravilla y también de terror. Puede que comiences a marcar tu progreso con las emociones que sientes e incluso hacerte amigo de aquellas que son incómodas. A medida que viajas a través de esta "tierra de emociones" comenzarás a comprender cosas sobre ti mismo que no habías entendido antes, así como también tendrás una comprensión diferente acerca de las otras personas. En muchos sentidos, el mundo se volverá más simple.

Con el tiempo, tendrás la oportunidad de compartir lo que aprendiste con otros. Cuando eso suceda, una nueva comprensión de las emociones se difundirá, al igual que la alfabetización. Creemos que un día la alfabetización emocional se convertirá en "sentido común" del mismo modo que sucedió con la lectura y la escritura para la mayoría de los seres humanos. Y en este sentido, el mundo será un lugar donde cosas que no eran posibles ahora lo son. Ese es nuestro sueño.

Lo que aprendí de la envidia

Hace muchos años, en una conversación de coaching, identifiqué la envidia. Me di cuenta que mi creencia era que había oportunidades para otros, pero no para mí. Dado que veía a la envidia como una emoción "mala", creía que "no tenía" que sentirla y dudaba hasta de nombrarla en voz alta. Dan me ayudó a desconstruir la envidia y fui capaz de entenderla de otro modo y alejarme de la autocompasión. Aprendí que la envidia significa que "quiero algo en mi vida que el otro tiene en la suya". Aprendí que podía quitárselo o ponerme en marcha para ganármelo. La emoción que sentía no tenía nada que ver con quitárselo sino con que deseaba algo para mi vida porque no me satisfacía. En ese

> momento comencé a identificar pasos a seguir para conseguir lo que quería. Entender lo que la envidia intentaba decirme y cómo intentaba guiarme marcó la diferencia.
>
> —S.S.

Ahora puedo tomar la temperatura de mis emociones

Creo que el gran conocimiento que adquirí fue el darles la bienvenida a las emociones, a reconocerlas, a darles su lugar, a reconocer que estaban ahí, que había un regalo en ellas y a no negarlas o luchar contra ellas. Creo que yo solía ser alguien que llevaba una vida muy compartimentada durante muchos, muchos años y eso provocó una cierta desconexión de mis emociones. No tenía conciencia de mis emociones excepto cuando todo iba mal.

Durante muchos años no tuve una conciencia sutil de las emociones. Para mi eran como las estaciones, pero incluso en las estaciones hay fluctuaciones en la temperatura. Hoy se trata más de reconocer la temperatura que de la estación como tal. A finales de 2015 hubo un fuerte invierno y lo abracé. No luché contra él. Hoy, mi relación con las emociones se parece a mi relación con la temperatura. Pienso "veamos dónde estoy" y tomo la temperatura de mis emociones. Siento curiosidad.

Creo que esta conciencia surgió de una profunda insatisfacción con mi estilo de vida, la cual no estaba funcionando. Lo que obtuve de mi entrenamiento fue entender que no estaba caminando a ciegas. Estaba recibiendo información brindada por mis emociones, pero tenía que detenerme a escucharlas para poder llegar a alguna conclusión y elegir qué hacer a partir de lo que escuché. Sentí tal alivio al ver que la vida era tan generosa, que tenía una guía tan poderosa disponible y que solo debía detenerme, dejarla entrar, escuchar, prestar atención y convertirme en un observador diferente. No solo de lo que pasaba en el exterior, sino también de lo que estaba sucediendo en mi interior.

La vida es tan distinta ahora. Es como el día y la noche. A fines de 2014 tuve una gran crisis en la que fui estafado y perdí grandes sumas de dinero; sentí mucha tristeza. También sentí vergüenza. Mi aprendizaje emocional me había enseñado a mirar sólo lo qué había afuera. Esta conciencia me ayudó a ver que yo era más grande que cualquier emoción que se presentara. No necesitaba ser tragado o barrido por mis emociones. Cuando apliqué la teoría, no me dejé llevar hacia la tristeza dentro de esos círculos viciosos en los que desciendes y desciendes. Fui capaz de estar con lo que estaba allí porque ahora sé que nada en la vida es estático. No importa cuán mal te sientas, cambiará. No importa cuán feliz te sientas, cambiará. La vida no se mantiene siempre igual. No creo que yo sea especial, simplemente aprendí a darles lugar a mis emociones para que sean lo que deban ser y a dejar que la vida sea la vida.

—K.F.

Capítulo 10

DICCIONARIO DE EMOCIONES Y ESTADOS DE ÁNIMO

Esta sección está diseñada para servir como diccionario en momentos en que encuentras emociones que no conoces o que no están claras. Hemos hecho una lista con cada emoción o estado de ánimo por orden alfabético la cual incluye su etimología, la información o historia que brinda, inclinación física o predisposición, cómo nos apoya y las emociones y estados de ánimo relacionados. Este es una listado que está vivo porque, como comentamos al inicio del libro, no hay una lista universal de emociones y estados de ánimo, con lo cual vamos a ir mejorándolo continuamente.

EMOCIONES: UN REGALO POR ABRIR

Emoción	Raíz	Historia
Abatimiento	Del latín *abbatuere*: "derribar, echar por tierra"; ad- (hacia) + battuere (golpear)	"No puedo creer que esto me haya sucedido a mí y no me agrada para nada"
Aburrimiento	Del latín *abhorrere* = "separarse de lo que te pone los pelos en punta". (Fastidio, fata de distracción).	"No hay nada de valor para mí en esta situación"
Aceptación	S. XIV. "Tomar lo que se nos ofrece", del francés antiguo *accepter*. O directamente del latín *acceptare* "tomar o recibir voluntariamente"	"Reconozco que la vida es como es aunque no esté de acuerdo, no lo apoye o no me guste"
Admiración	Del latín *admirari*, "maravillarse ante". De *ad-* "ante" + *mirari*, "maravilla" de *mirus* "maravilloso"	"Si alguna vez hago lo que haces, quiero hacerlo del mismo modo que tú"
Adoración	Del latín *adorare:* "hablar formalmente, suplicar, preguntar en forma de plegaria". En latín tardío "adorar", de *ad-* "a" + *orare* "hablar formalmente, rezar"	"Para mí, esta persona o entidad es divina"
Afecto	Del francés antiguo, *afection* (s. XII): "emoción, inclinación, disposición; amor, atracción, entusiasmo", del latín *affectionem*, "una relación, disposición; un estado temporal; un cuadro, constitución"	"Quiero demostrar que quiero o amo a esta persona"

Capítulo 10: Diccionario de emociones y estados de ánimo

Predisposición	Preocupación humana	Emociones asociadas
Negar y resistirse a lo que ha ocurrido	Muestra la importancia de aquello que esperábamos que sucediera	Similar a la decepción. Relacionada a la incredulidad pero con un estado de ánimo más oscuro
Desengancharse o desconectar	Apunta a lo que nos es valioso y a lo que no	Opuesto a la curiosidad o al compromiso
Inmovilidad, sin energía y sin dirección	La habilidad para alinearnos con los hechos de la vida, descansar con serenidad y estar en paz	Dado que la aceptación se muestra como inactiva puede confundirse con resignación, es similar. La diferencia está en la historia
Emular o copiar	Identificar modelos de comportamientos	A veces es confundida con envidia, celos o adoración
Tratar con el máximo respeto o adorar	Traer la divinidad a las relaciones humanas	Relacionado con el amor pero incluye admiración más que aceptación, mientras que gustar tiene que ver con el disfrute de estar con otro
Comportarse de maneras que demuestran cariño, amor o adoración	Permitir la muestra de afecto, amor o admiración	Similar a gustar pero con una demostración más profunda que simplemente disfrutar estar con el otro

EMOCIONES: UN REGALO POR ABRIR

Emoción	Raíz	Historia
Agonía	Del latín tardío *agonia*, del griego *agonia*: "una lucha "mental, por la victoria", originalmente "una lucha por la victoria en los juegos"	"Esto es insoportable"
Agradecimiento	Esta forma con raíces latinas y significa "instrumento o resultado de sentir gratitud". *Gratus* = "bien recibido".	"Entregar algo de valor a cambio de otra cosa"
Agraviado	Del latín *aggravare* "hacer más pesado"	"Me siento como si estuviera hecho de plomo"
Alborozo	Origen latino	"Esto me hace sentir bien"
Alegría	Del latín *gaudia*.c.1200, "sentimiento grato y vivo que suele manifestarse con signos exteriores"	"La vida es buena y quiero celebrarla"
Ambición	Del latín *ambitionem,* "una vuelta", especialmente para recaudar votos	"Creo que la vida tiene posibilidades para mí y voy a tomarlas"
Amor	Del latín *amor*, "sentimiento intensodel ser humano que, partiendo de su propia insuficiencia, necesita y busca el encuentro y unión con otro ser"; del verbo latino *amare* "dar caricias de madre"	"Acepto y valoro a esta persona como es"

Capítulo 10: Diccionario de emociones y estados de ánimo

Predisposición	Preocupación humana	Emociones asociadas
Sufrir o luchar con el sufrimiento	Luchar a pesar del enorme dolor	Similar a la angustia pero es más en el ámbito físico
Comprometerse en un intercambio mutuo	Nos permite reconocer aquellas cosas que creemos que tienen valor	Puede ser confundido con la gratitud pero se trata más de intercambiar que de brindar
Moverse muy lentamente buscando alivio a la sensación de gravedad	Desacelerar y prestar atención a los cambios serios de la vida	Relacionado a la tristeza como la etapa que viene después de darse cuenta de lo perdido
Sonreír, reír	Nos dice cuando creemos que algo bueno está sucediendo	Similar a la celebración pero menos demostrativa
Saborear el momento, sentir placer o deleite y continuar viviendo	Sentir placer, bondad	Relacionada a la felicidad y a la satisfacción
Comprometerse con el mundo	Comprometernos con el mundo y avanzar hacia nuevas posibilidades	Puede confundirse con impaciencia, excitación o entusiasmo
Legitimar al otro tal como es	Mantener una conexión más allá de las circunstancias	A menudo confundido con gustar, que es disfrutar estar en la compañía del otro más que una aceptación profunda del otro

EMOCIONES: UN REGALO POR ABRIR

Emoción	Raíz	Historia
Angustia	Del latín *angustia* "opresión; estrechez", "aflicción, dificultad" figurativamente. De *anguere* "oprimir, atormentar"	"Me siento oprimido y obligado por esta noticia"
Anhelo	Del latín *anhelare*, "respirar con dificultad, jadear"; significado: "deseo vehemente"	"No hay nada tan importante en la vida como perseguir esto"
Ansiedad	1620, del latín *anxius*: "atento, preocupado", de *angere*, *anguere* "ahogarse, estrujar"; "atormentar, causar angustia" figurativamente.	"Creo que el futuro depara peligro pero su fuente no es clara"
Anticipación	Del latín *anticipatus*, participio de *anticipare*. "Ocuparse de con anticipación", literalmente "tomar posesión de antemano", de ante "antes" + capere "tomar"	"Estoy esperando esto"
Antipatía	Del latín *antipathia*, del griego *antipatheia*, "opuesto en sentimiento, tener un sentimiento opuesto; en pago por sufrir; sentido mutuamente", de anti- "contra"+ la raíz de pathos "sentimiento"	"Estoy sintiendo el opuesto a la emoción de esta persona"
Apático	Del griego *apatheia*: "libertad de sufrimiento, querer una sensación", de *apatheaqus* "sin sentimiento, sin sufrimiento o haber sufrido", de a- "sin" + pathos "emoción, sentimiento, sufrimiento"	"No me importa"

Capítulo 10: Diccionario de emociones y estados de ánimo

Predisposición	Preocupación humana	Emociones asociadas
Luchar por entender	Reconocer el colapso del mundo tal y como lo conocía	Similar a la agonía pero más parecido a una conciencia nueva que a un malestar físico
Perseguir la fuente del anhelo	Decirnos qué creemos, qué cosas son las más importantes en la vida	Deseo, erotismo. Opuesta a la indiferencia
Preocuparse	Alertarnos de un posible peligro futuro	Similar al miedo pero no enfocada en una fuente identificada. A veces es confundida con la duda
Esperar participar de algo o sentir algo	Disfrutar del futuro antes de que llegue	Relacionada a la esperanza pero con más seguridad. La energía es similar a la de la ansiedad pero con la creencia de que el evento venidero será disfrutable en vez de peligroso
No estar de acuerdo	Reconocer nuestras propias emociones relacionadas a otro	Opuesta a simpático y a veces confundida con asco o desprecio
Abandonar responsabilidad o participación	No gastar energía emocional	Similar a la resignación pero con un toque de desesperanza

The Unopened Gift

Emoción	Raíz	Historia
Apesumbrado	Del latín *taciturnus*, "triste, melancólico o apesadumbrado"	"Todo está mal y esa es la causa de mi estado de ánimo"
Aprecio	1650, "estimar o valorar mucho", del latín tardío *appretiatus* "ponerle precio a"	"Esta persona, lugar o cosa hace que mi vida sea mejor"
Arrepentimiento	Del latín *repentirse*, "sentir"; significado: "acción o efecto de arrepentirse"	"La vida sería mejor si hubiera hecho o no tal cosa"
Arrogancia	1300, del francés antiguo *arrogance*, del latín *arrogantia*: "dar por hecho, ser autoritario, ser insolente"	"Veo a los otros como menos inteligentes o capaces que yo y, por lo tanto, soy mejor que ellos"
Asco	Latín de *des-* "contrario a" + *gustare* "gustar, probar"	"Esta experiencia me deja un mal sabor de boca"
Asombro	Del *asombrar*, verbo latino y del latín vulgar *subumbra* + "bajo la sombra".	"Esto está más allá de mi experiencia previa y no sé qué creer"
Aspiración	Del latín *aspirare* "inhalar, exhalar, respirar"	"Me siento empujado a ascender, crecer o buscar algo mayor"

Capítulo 10: Diccionario de emociones y estados de ánimo

Predisposición	Preocupación humana	Emociones asociadas
Regodearse en la historia de cuán mala es la vida	Nos ayuda a ver cómo sería la vida si de verdad todo estuviera mal	Miseria, desesperación
Expresar aprecio, agradecer	Les permite a aquellos a quienes valoro entender su rol para mejorar mi calidad de vida	Similar a la gratitud y al agradecimiento
Castigarme por haber hecho algo o no en el pasado	Reflexionar sobre las elecciones que hemos tomado y usarlas como guía para elecciones futuras	A menudo indica una falta de audacia en el pasado. Es como la nostalgia pero vemos más aquello que hemos perdido que lo que disfrutamos
Tratar a otros como poca cosa; ser condescendiente verbal o físicamente	Comportarnos como si fuéramos moralmente superiores que otros	Contrasta con la humildad y suele ser fuente de lástima hacia otros
Rechazar, alejarse y no participar	Nos impide comprometernos en cosas que no se alinean con nuestros valores	Similar a la repugnancia pero no tan fuerte. A veces se la confunde con el desprecio u odio cuando se trata de personas
Estar embelezado	Mostrarnos que entendemos solo una parte del universo	Temor, maravilla incredulidad
Expandirse a nuevas posibilidades; intentar cosas nuevas que no estaban a nuestro alcance	Crecer, evolucionar	Similar a la inspiración pero tiene que ver con el crecimiento propio antes que con activar el de otros

EMOCIONES: UN REGALO POR ABRIR

Emoción	Raíz	Historia
Atracción	Del latín *attractionem* "juntar, acercar"	"Esto es alguien o algo a lo que siento que debo acercarme"
Aturdido	Aturdid está relacionada etimológicamente con el tordo, un pájaro. Del latin *turdus*.	"Estoy completamente desorientado y perdido"
Audacia	Del latin *audacia*	"Tomaré la iniciativa de actuar aunque no esté seguro"
Avaricia	Del latín *avaritia*, "afán desmedido de poseer y adquirir riquezas para atesorarlas"	"Lo quiero"
Aventura	Del latín *adventura* "(algo) está por suceder", de *adventurus*, "llegar a, alcanzar", de ad- "a"+ venire "venir"	"Algo increíble sucederá en esta búsqueda"
Bondad	Del latín *bonitas*, "cualidad de bueno"; "natural inclinación a hacer el bien"	"Estoy siendo tratado como parte de la familia"
Bravuconería	1580, del francés *bravade* "fanfarronería, fantochada", del italiano *bravata* "fanfarronería, fantochada" (s. XVI), de *bravare* "presumir, alardear, ser insolente", de bravo	"Actuaré como si tuviera más valentía de la que tengo"

Capítulo 10: Diccionario de emociones y estados de ánimo

Predisposición	Preocupación humana	Emociones asociadas
Acercarse, mostrar interés, poner atención a	Poner en un contacto más profundo con gente, lugares e ideas	Conectado con la curiosidad o el deleite
Deambular buscando un punto de orientación	Nos permite reconocer cuándo estamos en territorio desconocido	Similar a la confusión, aunque esta es una etapa del aprendizaje y estar aturdido no lo es
Iniciar acción y enfrentar la incertidumbre	Nos permite avanzar aunque nos sintamos dubitativos	Similar a la valentía pero se usa para superar la duda más que el miedo
Tomar algo sin consideración o respeto por las necesidades de otros	Tomar	Confundida con la codicia
Comprometerse totalmente con la exploración	Explorar sin miedo	Similar al entusiasmo pero sin una conexión divina y más asociado al disfrute de la sensación
Sentirse bienvenido	Conectar y aceptar la atención de otros con facilidad	Similar a la ternura pero no tan relacionada a crear seguridad
Atacar o engañar	Nos permite tomar iniciativa aunque tengamos miedo o no queramos hacerlo	Puede confundirse con la valentía o la temeridad

EMOCIONES: UN REGALO POR ABRIR

Emoción	Raíz	Historia
Bromista	Del griego *brôma*, "aficionado a dar bromas"	"Esto es divertido"
Calma	Del latín tardío *cauma* "calor del sol de mediodía" (en italia, momento en que todos descansan y todo está en paz), del griego *kauma* "calor" (especialmente el del sol)	"No siento ninguna energía que me lleve a ninguna dirección"
Capricho	Del italiano *capriccio*, "determinación que se toma arbitrariamente, inspirada por un antojo, por humor o por deleite en lo extravagante y original"; viene de *capra* (cabra), animal cuyos brincos son imprevisibles	"Estoy completamente cautivado por esta persona y no me importa si me veo tonto o estúpido"
Cautela	Del latín *tentare*, "ejercicio del sentido del tacto"	"Algo aquí podría dañarme si no presto atención"
Cautivado	Del latín *captivus* "tomado prisionero", de *captus*, participio de *capere* "tomar, sostener, agarrar"	"No puedo escapar"
Celebración	Del latín *celebratus* "frecuentado; mantener solemne; famoso", participio de *celebrare* "juntarse a honrar", también "publicar"; elevar plegarias". Originalmente "frecuentar mucho", de *celeber*.	"Quiero demostrar que creo que la vida es buena"
Celos	Del latín tardío *zelus* "fervor"	"Temo que tú, él, o ella tomen algo que tengo"

Capítulo 10: Diccionario de emociones y estados de ánimo

Predisposición	Preocupación humana	Emociones asociadas
Actuar por el placer de hacerlo	Disfrutar actuar	Deleite
Quietud	Descansar	Serenidad, paz
Seguir sin conciencia	Comprometernos con lo que nos resulta atractivo sin gravedad	Similar al deseo pero con ligereza y se trata más de perseguir que de unirse a algo o alguien
Proceder con atención y conciencia	Nos ayuda a movernos de modo prudente en áreas desconocidas	Similar a la prudencia pero con más preocupación y enfocada en las posibles fuentes de peligro
Permanecer enganchado	Reconocer aquello que se siente como una pérdida de libertad	Similar a encantado o hechizado pero en un modo más físico
Reconocer la bondad de una ocasión o persona	Reconocer a través de la acción aquello que creemos que es excepcionalmente bueno en la vida	Como la alegría pero activa, como "saltar de alegría"
Intentar proteger lo que tengo de los otros	Ver qué tememos perder en la vida	No suele distinguirse de la envidia, que es causada por la codicia, mientras que los celos son provocados por el miedo

EMOCIONES: UN REGALO POR ABRIR

Emoción	Raíz	Historia
Certeza	Del latín vulgar *certanus*, del latín *certus*: "seguro, fijo, establecido, determinado"	"Lo sé"
Cinismo	En referencia a la filosofía antigua, del griego *kynikos*, "seguidor de Antístenes", literalmente "como un perro", de *kyon* (genitivo de *kynos*) "perro". Supuestamente proviene del sarcasmo burlón de los filósofos, pero es más probable que su origen sea *Kynosarge*: "Perro Gris", el nombre del gimnasio en las afueras de la Atenas antigua (para uso de quienes no eran atenienses puros) en el que enseñaba fundador, de Sócrates	"No confío en las buenas intenciones aparentes del otro"
Codicia	Esta palabra latina, *cupiditia*, designa la cualidad *cupidus* (deseoso, ambicioso).	Quiero más
Cólera	Viene del griego *Khole*: "bilis roja, asociada con humor sanguinario e iracundo"	"Castigar es mi derecho"
Compasión	Del latín tardío *compassionem*, de com- "junto" + pati "sufrir"	"Estar con esta persona en su dolor tiene valor"

Capítulo 10: Diccionario de emociones y estados de ánimo

Predisposición	Preocupación humana	Emociones asociadas
Permanecer firme y no cambiar	Tomar posición	Similar a la rectitud pero sin la connotación moral. Aquí el otro no está equivocado sino que yo estoy seguro
Rechazar toda posibilidad positiva o esperanzadora	Desafiar la excitación infundada	Puede ser vista como resignación activa
Querer tomar todo lo que pueda	Nos permite pensar en preservar o crear seguridad para el futuro	Envidia, avaricia, prudencia
Castigar despiadadamente	Nos permite castigar injusticias enormes	Ira, furia, venganza
Estar con otro en su dolor	Nos permite estar conectados con otros y entender sus emociones sin asumirlas como propias	Similar a la pena, la empatía o la simpatía. Hay que saber diferenciarlas

EMOCIONES: UN REGALO POR ABRIR

Emoción	Raíz	Historia
Compromiso	Del latín *committere*: "unir, conectar, combiner; juntar" de com- "junto" + mittere "enviar"	"Esta iniciativa merece toda mi atención y esfuerzo y elijo brindarlos libremente
Confianza	De confiar, "esperanza firme que se tiene de alguien o de algo"	"Puedo confiar en la persona o cosa, que harán lo que prometieron"
Confortable	Del latín *facilitas*, "que se puede hacer con poco esfuerzo"; facere (hacer) + -ilis- (indica posibilidad pasiva) + -dad (cualidad)	"Esto no requiere mucho esfuerzo de mi parte"
Confusión	Del latín *confusionem*: "una mezcla, una combinación, un desorden", sustantivo de acción de *confundere*, "verter junto"	"No veo un patrón que me sea familiar dentro de esta situación"
Consternación	Del latín *constern ationem*, "confusión, desaliento", de *consternat-*, "superar, confundir, sorprender, aterrar, alarmar"	"Lo que ha sucedido me deja sin poder, abatido"
Contento	Del latín *contentus*, "contenido, satisfecho"	"No necesito cambiar nada"
Cuidado	Del latin *cogitatus* (pensar, reflexionar)	"Esto merece mi atención"

Capítulo 10: Diccionario de emociones y estados de ánimo

Predisposición	Preocupación humana	Emociones asociadas
Actuar alineadamente con nuestras promesas	Actuar consistentemente con nuestras promesas para lograr aquello que nos importa	Puede ser confundido con obligación
Coordinar acción	La habilidad de interactuar con el mundo, otros o nosotros mismos	A veces no se la distingue de la ingenuidad
Hacer lo que estamos haciendo con alegría y apreciación	Nos dice en qué actividades somos buenos y logramos con poco esfuerzo	Relacionada a la felicidad o la dicha pero más conectada con la energía que al disfrute
Intentar entenderlo o integrar una idea nueva en nuestra comprensión	Es un paso predecible en el aprendizaje hasta crear un orden que incluye las nuevas ideas	Similar a la curiosidad pero puede incluir la evaluación de que "algo va mal". Relacionada con la consternación
Ir despacio para asimilar lo sucedido y encontrar seguridad	Detener nuestras acciones para considerar la prudencia de las mismas	Relacionado a la prudencia pero con más miedo o ansiedad
Estar cómodo con las cosas como son	Estar en reposo	Similar a la satisfacción
Ayudar a otros	Nos permite emplear nuestra energía para apoyar a otros. Nos muestra con qué y con quién nos sentimos conectados en la vida	Existe una distinción entre "cuidar de" y "cuidar". Puedo cuidar un número ilimitado de cosas, pero cuido de aquello para lo que tengo energía y tiempo.

EMOCIONES: UN REGALO POR ABRIR

Emoción	Raíz	Historia
Culpa	"Acción de imputar" del latín arcaico *colpa* probablemente relación con el griego *kólaphos* (golpe en la mejilla)	He roto mis propios estándares
Curiosidad	Del latín *curiositatem*, "deseo de conocimiento"	"Hay algo interesante o de beneficio para mí"
Decepción	Latín *deceptio* (engaño, fraude)	"Esperaba que las cosas sucedieran de manera diferente"
Deleite	Del latín *delectare*, "atraer, fascinar, gustar, encantar", frecuentativo de *delicere*, "seducir"	"Esto es maravilloso y disfrutable"
Desagrado	"No puede encontrar el gusto"	"Esta experiencia no es disfrutable"
Desapasionamiento	Del latín *temperantia*, "moderación y mesura"; viene del verbo *temperare*: "atemperar, hacer que algo modere su temperatura con arreglo al tiempo"	"Puedo ver la pasión pero no me atrapa"
Desconcertado	Del perfijo romance *des-* (inversión de la acción) sobre el verbo del latín, *concertare* + "debatir, tratar de llegar a un conclusión, disputar, combatir".	"No comprendo algo que creí que comprendía o que debería comprender"

Capítulo 10: Diccionario de emociones y estados de ánimo

Predisposición	Preocupación humana	Emociones asociadas
Castigarme a mi mismo	Conocer mis propios valores y cuando los he traicionado	Frecuentemente confundida con vergüenza, pero se ocupa de la identidad privada en lugar de la pública
Hacer preguntas, buscar información	Ganar entendimiento de nuestras experiencias para aprender	Opuesta al aburrimiento
Intentar mantener nuestra historia de cómo "debería ser" la vida	Nos informa que nuestra idea de cómo será la vida y cómo es no están alineadas	Similar a la consternación pero más pronunciada
Estar en la experiencia	Nos dice aquello que disfrutamos y que nos complace	Relacionada con la felicidad, la alegría y la diversión
Evitar pasar tiempo con esa persona o cosa	Nos dice aquello que disfrutamos en la vida y lo que no	Puede ser confundida con la rectitud
Hacerse a un lado literal y figuradamente, no involucrarse emocionalmente	Nos permite observar las emociones desde una perspectiva externa	La emoción a la que nos referimos cuando hablamos de "ser objetivos"
Buscar orden y comprensión	Ser consciente de nuestra confusión o malentendido	Similar a la confusión pero más relacionado con algo que pensábamos que entendíamos y ahora nos damos cuenta de que no era así

EMOCIONES: UN REGALO POR ABRIR

Emoción	Raíz	Historia
Deseo	Del latín *desiderare*, "desear; demandar, esperar", el sentido original quizás haya sido "esperar lo que traigan las estrellas", de la frase de *sidere* "de las estrellas"	"Quiero estar en conexión con esta cosa o persona"
Desesperanza	Del latín *desperare* "desesperar, perder toda esperanza", de de- "sin" + sperare "esperar"	"No tengo esperanzas, no veo posibilidades"
Desconcertado	"Provocar confusión total". Del siglo XV, "divertir la atención, engañar"	"Esto me resulta un poco desconcertante"
Desmoralizado	Del latín *despondere* "darse por vencido, perder, resignarse, prometer en matrimonio" (especialmente dentro de la frase *animam despondere*, "dar por vencida el alma")	"He perdido todo"
Despreciar	Del latín *despicere*: "menospreciar, despreciar", de de- "hacia abajo" + spicere "mirar"	"Esto está por debajo de mi estatus". "Esta persona o cosa no es digna de mi respeto"
Devastación	Del latín *devastare*: "devastar", de de- "completamente" + vastare "devastar", de vastus "vacío, desolado"	"Esta experiencia me quita todo el deseo de accionar"
Dignidad	Del latín *dignitatem*: "valor", de dignus "valor, valioso, apropiado"	"Soy valioso"

Capítulo 10: Diccionario de emociones y estados de ánimo

Predisposición	Preocupación humana	Emociones asociadas
Buscar aquello que deseo	Saber qué cosas, gente y experiencia queremos en la vida	Similar al anhelo
Retirarse y no intentarlo más. Darse por vencido y no actuar	Tocar fondo, sentir lo más bajo	Relacionada con desmoralizado pero menos severo. Puede ser confundida con estar en un estado de depresión
Buscar entendimiento	Generar claridad	Similar a perplejo o confundido
Inmovilidad	Nos ayuda a ver qué nos es importante al nivel más fundamental: el del alma	Similar a la desesperanza pero más severa o más profunda
Ser condescendiente tanto verbal como físicamente, desdeñar, ridiculizar o menospreciar	Conocer nuestro estándar en relación al respeto de los otros	Puede ser confundida con el odio pero tiende a tratarse de una persona más que de una injusticia
Retirarse y afligirse	Comprender qué cosas en la vida creemos que son impensables	Puede ser confundida con la depresión o la desesperación
Honrarme a mí mismo, generar respeto propio	Nos permite establecer y proteger nuestros límites personales	Puede ser confundida con arrogancia o narcisismo

EMOCIONES: UN REGALO POR ABRIR

Emoción	Raíz	Historia
Disfrute	Del latín *gaudium*, "alegría del ánimo"	"Me gusta hacer esto"
Distracción	Del latín *distractus*, "dibujar en direcciones diferentes"	"No puedo mantener mi atención en una cosa"
Diversión	Del latin *diversio*. Significa "acción y efecto de recrear".	"Esto es placentero y desvía mi atención"
División	Del latín *dividere*, "abrir a la fuerza, surcar, distribuir", de dis- "distante" + -videre "separar"	"Mis emociones van en caminos opuestos"
Duda	De raíz latina *dubiosus* que significaba "vacilante, oscilante cambiante"	"No estoy seguro"
Ecuanimidad	Del latín *aequanimitatem*: "uniformidad de mente, calma; benevolencia, bondad"; de *aequanimis* "suave, Bueno", literalmente "uniforme", de *aequus* "igual, nivelado" + *animus* "mente, espíritu"	"Considerar que todas las partes probablemente darán los mejores resultados"
Efervescencia	Del latín *effervescentem*, "cocer, hervir, bullir", de ex- "fuera"+ fervescere "comenzar a hervir", de fervere "estar caliente, hervir"	"Esto es tan emocionante que no puedo contenerme"

Capítulo 10: Diccionario de emociones y estados de ánimo

Predisposición	Preocupación humana	Emociones asociadas
Continuar participando voluntariamente	Sentir el lado satisfactorio de la vida	Deleite
No poder enfocarse en algo	Nos dice dónde nos es más importante enfocarnos	Puede ser confundida con conformidad o ambivalencia
Comprometerse, considerar, reflexionar	Trae ligereza y un sentido de juego	Puede confundirse con trivializar. Relacionada al juego
Vacilar	Nos muestra aquello que nos interesa inclusive cuando las opciones se opongan	Similar a la ambivalencia (ir con el viento) pero con acercamiento a ambas posibilidades y con lucha
Dudar o moverse con prudencia	Nos alerta que estamos en territorio nuevo; nos llama a prestar atención a nuestra preparación	Confundida con ansiedad o miedo. No relacionada al peligro o la ansiedad sino a experiencias nuevas
Reflexionar de manera calmada y tranquila	Nos permite considerar la vida desde nuestro centro en calma y tratar a todas las partes con el mismo respeto	Nos acerca a "ser objetivos" al mismo tiempo que reconocemos que siempre estamos en una emoción
Arder de energía y excitación	Nos hace darnos cuenta de nuestra intensa excitación	Similar a la excitación pero va más allá. Relacionada con la euforia pero sin el aspecto de conciencia

EMOCIONES: UN REGALO POR ABRIR

Emoción	Raíz	Historia
Empatía	Traducción del griego *empatheia*, "pasión, estado de emoción", de la forma asimilada de en "en" + *pathos* "sentimiento"	"Estoy sintiendo lo que el otro siente"
Encanto	Literal y figurativo "encantar, cautivar, hechizar", del latín *incantare*, "encantar, echar un hechizo"	"Siento que estoy hechizado"
Entusiasmo	Del griego *enthousiasmos*, "inspiración divina", de *enthousiazein* "estar inspirado por un dios, estar cautivado, estar en éxtasis", de *entheos* "divinamente inspirado, poseído por un dios", de en "en"+ *theos* "dios"	"La causa a la que estoy comprometido es noble o incluso divina"
Envidia	Del latín *invidia*, "envidia, celos", de *invidus* "envidioso, tener odio o mala voluntar", de *invidere* "envidiar, odiar", solía significar "mirar (con malicia), de in- "sobre"+ *videre* "ver"	"Lo merezco más que él o ella y, si no puedo tenerlo, quiero que él o ella lo pierda"
Erotismo	Del griego *erotikos*, "causado por amor pasional, referido al amor", de eros "amor sexual"	"Deseo volverme uno con el otro"
Escasez	Del latín *excarpsus*, "poquedad o mengua de algo"; ex (hacia afuera) + carpsus (arrancar) + -ez (cualidad)	"No hay suficiente"

Capítulo 10: Diccionario de emociones y estados de ánimo

Predisposición	Preocupación humana	Emociones asociadas
Estar en resonancia con las emociones del otro	Nos ayuda a entender las emociones que otros están sintiendo	Similar a la simpatía pero con una conexión más fuerte con la persona. A menudo confundida con la compasión
Estar maravillado	Sentir la energía que nos rodea que no podemos ver ni entender	Similar a hechizado pero sin una sombra, más liviana
Actuar en nombre de una causa mayor que yo o nosotros mismos	Nos permite conectarnos con cuidados y causas más grandes que nosotros	A menudo confundida con excitación pero tiene una conexión con "los dioses" o lo divino que la excitación no tiene
Socavar a la persona o las personas que poseen o lograron aquello que quiero para mí	Saber qué queremos ser o tener en la vida	A menudo no distinguida de los celos pero es provocada por la codicia, mientras que los celos son provocados por el miedo
Unirse al otro	Nos permite unirnos por completo al otro	A menudo no se la distingue de la pasión, la sexualidad o la lujuria
Intentar obtener más	Saber que tendremos suficiente para el futuro	Tipo de miedo especialmente relacionado con no tener suficientes recursos

EMOCIONES: UN REGALO POR ABRIR

Emoción	Raíz	Historia
Esperanza	Viene de esperar, del latín *sperare* (tener esperanza), "estado de ánimo que surge cuando se presenta como alcanzable lo que sedesea"	"El futuro será mejor que el presente y quiero estar ahí"
Estimar	Origen latino, "querido, caro, amado"	"Esto es querido por mi"
Euforia	Del latín *iubiulm*, "grito o sonido rústico de llamada y de alegría de campesinos"; sentimiento de celebración	"No puedo creer mi buena suerte"
Exasperación	Del latín *aggravatus*, participio de *aggravare*, "volver problemático", "hacer pesado"	"Esta situación es irritante y está debilitando mi energía"
Escepticismo	Del griego *skeptikos* (plural *Skeptikoi* "los Escépticos, seguidores de Pirro"), significado: "curioso, reflexivo" (el nombre fue tomado de los discípulos del filósofo griego Pirro, que vivió de 360–270 a.C.), relacionado a *skeptesthai*, "reflexionar, ver, mirar"	"Dudo que esto sea verdad"
Exhausto	De origen latín, "acción o resultado de consumir hasta la última gota"; ad- (hacia) + -gutta- (gota) + -miento (medio o resultado)	"No puedo continuar"

Capítulo 10: Diccionario de emociones y estados de ánimo

Predisposición	Preocupación humana	Emociones asociadas
Moverse hacia el futuro	Nos permite ver cuál podría ser un futuro posible	Contrasta con la nostalgia, que se trata del pasado, mientras que la esperanza se centra en el futuro
Cuidar, proteger, nutrir	Mantener al otro cercano en espíritu	Similar a la adoración pero sin una referencia divina
Disfrutar, compartir y celebrar	Nos permite celebrar nuestra buena suerte o nuestros logros	Similar a la excitación pero se trata sobre mi sentido de buena fortuna o logros
Desacelerar y cambiar a un estado de irritación. Quejarse	Ver qué nos impide estar en estado de fluidez	Como la irritación pero más intensa. Relacionada a la frustración pero con una historia menos moral
Dudar, descartar o buscar más información	Nos ayuda a asegurarnos de que estamos entendiendo algo correctamente	Como el cinismo pero menos severo y con más posibilidades de cambio. Similar a la incredulidad pero intenta rechazar más que simplemente descreer.
Detenerse	Saber cuándo hemos llegado a nuestro límite de energía	Puede ser confundido somáticamente con la resignación o la aceptación

EMOCIONES: UN REGALO POR ABRIR

Emoción	Raíz	Historia
Expectante	Del latín *expectare*, "esperar; estar pendiente de; desear, esperar, ansiar, desear; esperar con anticipación", de ex- "totalmente" + spectare "mirar"	"Estoy esperando con entusiasmo"
Éxtasis	"Absorbido místicamente", del griego *ekstatikos*, "inestable, inclinado a desviarse"	"Estoy en presencia de lo incomprensible"
Exuberante	Del latín *exuberantem*, "sobreabundancia", participio presente de *exuberare*, "ser abundante, crecer", de ex- "totalmente"+ uberare "ser productivo"	"La vida está llena de promesas"
Fascinación	Del latín *fascinatus*, "hechizar, encantar, faschinar", de *fascinus*, "un encanto, hechizo, brujería", que es de origen incierto	"Algo de aquí me atrae mucho aunque no puedo entender por qué"
Fe	Del latín *fides*, "confianza, fe, dependencia, creencia", de raíz *fidere*, "confiar"	"Creo aunque no tenga evidencias"
Felicidad	Del latín *felicitas*, "cualidad de contento, satisfecho"; felix (fértil, fecundo) + -dad (cualidad)	"Estoy contento con la vida tal como es"
Fervor	Del latín *fervor*, relacionado a aquel estado de ánimo en que interviene la fe; "celo ardiente hacia las cosas de piedad y religión", "entusiasmo o ardor con que se hace algo"	"Estoy muy, muy emocionado por hacer esto"

Capítulo 10: Diccionario de emociones y estados de ánimo

Predisposición	Preocupación humana	Emociones asociadas
Ser conscientes de que hay algo que queremos que suceda en el futuro cercano	Nos ayuda a entender lo que deseamos que nos ocurra	Similar a ansioso pero sin la preocupación
Estar absorbido	Nos ayuda a ver la enormidad e incomprensión del universo	Pasión intensa o erotismo. Puede ser similar al asombro pero sin el elemento de miedo
Dejarme llevar por las posibilidades de la vida	Entender cuán abundante puede ser la vida	Similar al entusiasmo pero no está asociado con algo divino sino con el plano humano de la vida
Perseguir y buscar conexión con algo o alguien	Llevarnos hacia cosas y gente aun cuando no entendemos por qué	Similar al encanto
Actuar desde las creencias	Actuar sin necesitar evidencias o enfrentando evidencias que indican lo contrario	Al igual que la confianza, nos permite actuar pero no requiere que evaluemos la sinceridad, la aptitud o la fiabilidad
Disfrutar el presente	Saber lo que creo que es bueno o placentero en la vida	Similar a la alegría y la satisfacción
Lanzarse hacia la acción	Ponernos en acción de modo enérgico	Deleite, ambición, entusiasmo

EMOCIONES: UN REGALO POR ABRIR

Emoción	Raíz	Historia
Formidable	Del latín *formidabilis*, "excesivamente grande en su línea", "muy temible y que infunde asombro y miedo"	"Esto es maravilloso"
Frustración	Del latín *frustrationem*, "una decepción"	"Ya debería haber sucedido"
Furia	Del latín *furia*, "pasión violenta, ira, locura", de o relacionada a *furere*, "estar loco"	"Atacar como un loco"
Generosidad	De origen latín: *generosus*, "de buena cuna", figurativamente "magnánimo, generoso"	"Deseo brindar a otros para compartir mi buena fortuna"
Gentil	Del latín *gentīlis*, "que pertenece a una misma nación", "nacional"; en latín tardío "pagano", derivado de *gens, gentis* "raza, linaje", "nación"	"Es correcto tratar a esta persona con amabilidad"
Gozo	Del inglés antiguo "alegría, júbilo, felicidad, gracia, favor".	"Esto es profundamente satisfactorio"
Gratitud	Del latín *gratia*, "favor, estima, consideración; cualidad placentera, benevolencia"	"La vida es un regalo"

Capítulo 10: Diccionario de emociones y estados de ánimo

Predisposición	Preocupación humana	Emociones asociadas
Estar inmovilizado	Reconocer una ocurrencia increíble y maravillosa	Similar a incrédulo pero más relacionado con la sorpresa que con la desconfianza
Atacar a la persona o cosa que creo que está impidiendo que algo suceda	Saber cuándo hemos llegado a nuestro límite de esfuerzo y necesitamos un cambio	A menudo no se distingue de la irritación pero tiene un mensaje diferente
Atacar con toda mi energía	Atacar sin reserva	Similar a la ira pero se trata más de atacar que de destruir
Brindar y recibir	Ser capaz de brindar sin condiciones o expectativas asociadas y recibir cuando otros me dan	Relacionada con la bondad pero se trata de dar y recibir más que incluir
Tratar bien, honrar	Nos permite tratar a otros con amabilidad y honor	Bondad, magnanimidad
Querer seguir a la fuente de la sensación	Nos muestra las fuentes de nuestra satisfacción	Una especie de alegría activa que no requiere celebración externa
Ser un regalo para los otros	Ver la vida como un regalo	A veces no se distingue de ser agradecido, lo cual tiene que ver con el intercambio de algo de valor

EMOCIONES: UN REGALO POR ABRIR

Emoción	Raíz	Historia
Gravedad	Del latín *gravis*, "importante, serio, pesado, opresivo"	"Esto es muy serio"
Gustar	Del latín *gustare*, "percibir el sabor de las cosas"; gustus- (saborear) + -ar (desinencia verbal)	"Me siento cómodo con esta persona o cosa y me gustaría pasar más tiempo con ella"
Hastío	Del latín *fartus*, "relleno, henchido", "fastidiado, cansado"	"Esto me resulta ridículo, trivial y/o aburrido"
Hechizado	Viene del latín *facticius* y significa "no natural, artificioso, fingido".	"Siento que no puedo detenerme"
Hilaridad	Del latín *hilaritatem*, "alegría, entusiasmo, alborozo"	"Esto es más que divertido"
Honor	Del latín *honorem*, "dignidad, cargo, reputación".	"Así es como la tradición dice que deben ser hechas las cosas"
Horror	Del latín *horror*, literalmente "un sacudón, un temblor, un escalofrío", de horrere "erizarse del miedo"	"No puedo imaginar un destino peor"
Humildad	Del latín *humilis*, "modesto, humilde", literalmente "sobre la tierra", de humus "tierra". "Bajar (a alguien) en dignidad"	"Soy humano y tengo los límites de un ser humano"

Capítulo 10: Diccionario de emociones y estados de ánimo

Predisposición	Preocupación humana	Emociones asociadas
Actuar sin humor o ligereza	Saber que aquello en lo que creemos es serio y profundo	Seriedad. Opuesta al deleite
Estar con	Estar en paz y disfrutar la compañía de una persona o cosa	Alegría, ternura, aceptación
Desestimar la importancia de algo. Alejarse de o terminar la experiencia	Ver qué nos interesa y de qué estamos cansados	Similar a la repugnancia pero menos fuerte
Actuar como bajo un hechizo	Nos permite ser irresponsables	Similar a encantado pero conectado con una fuente oscura
Reír descontroladamente	Romper la seriedad de la vida	Disfrutar la tontería de algo sin rebajarlo
Actuar según estándares y expectativas tradicionales	Mantener el orden del pasado	A veces no se la distingue del respeto pero se trata de una tradición del pasado más que de reconocer la calidad de una cosa o persona
Temblar y congelarse mentalmente	Ser consciente del peor destino posible	Similar al miedo pero mas intenso
Actuar sin la pretensión de que soy menos o más de lo que soy	Alinearnos con la realidad de nuestras capacidades y poder	Opuesta a la arrogancia. Relacionada a la humillación pero sin sentido de vergüenza

EMOCIONES: UN REGALO POR ABRIR

Emoción	Raíz	Historia
Humillación	Del latín tardío *humiliatio*, "acción y efecto de humillar o humillarse"; humiliare- (arrastrar por el suelo) + -cion (acción y efecto)	"Esta experiencia me recordó que tengo límites"
Impaciencia	Directo del latín in- "no," + patientia "Resistencia, sumisión", también "indulgencia, misericordia; humildad; obediencia"; literalmente "cualidad de sufrir"	"No puedo entender por qué no vamos hacia delante si yo estoy preparado"
Impotencia	Del latín *impotentia*, "falta de poder para hacer algo"; in- (no, sin) + -posse, potis (poder) + -nt- (agente) + -ia (cualidad)	"Soy incapaz de hacerlo yo mismo"
Incertidumbre	Del latín tardío *certitudo*, "falta de certidumbre"	"No estoy seguro de saber"
Incredulidad	Del latín *incredulus*, "increíble", de -in "no" + credulous "valioso de ser creído"	"No puedo creerlo"
Indiferencia	Del latín indifferentem, "no difere, no es particular, no tiene consecuencia, Buena o mala", de in- "no, apuesto" + differens, participio presente de *differre* "diferenciar"	"No hace ninguna diferencia para mí"
Infortunio	Del latín *infortunium*, "suerte desdichada o fortuna adversa", "estado desgraciado en que se encuentra alguien"	"Estoy siendo incansablemente perseguido y expulsado"

Capítulo 10: Diccionario de emociones y estados de ánimo

Predisposición	Preocupación humana	Emociones asociadas
Considerar mis límites	Alinearnos con la realidad de nuestras capacidades y poder	Similar a la humildad pero incluye un toque de vergüenza
Movernos hacia adelante sin que los otros o la situación estén listos	Nos hace dar cuenta de que puede haber un manera de hacer las cosas más rápidas	Similar a irritable pero más consciente desde lo racional. A menudo es confundida con la rabia pero tiene que ver más con mis estándares que con una injusticia
Esperar la ayuda de otros	Nos permite recibir cuando nos sentimos incapaces de hacerlo	Desesperanza pero no necesariamente negativa; pero sí dada por una verdadera incapacidad
Permanecer donde estamos porque no estamos seguros cuál elección es la mejor	Esperar la claridad	Similar a la ambivalencia pero, en este caso, todas las elecciones son iguales. Similar también a la indecisión, que es causada por la misma falta de claridad
Preguntarse cómo algo es posible	Desafiar la información que nos llega	Similar al asombro pero con menos capacidad de creer la situación
Seguir el curso de acción que otros sugieren o toman	Rendirnos al liderazgo de otros o dejar ir situaciones que no nos resultan particularmente importantes	Similar a la ambivalencia pero con menos cuidado. Se la puede confundir con la apatía.
Encogerse del miedo, retirarse, exiliarse	Nos muestra dónde no pertenecemos o no somos queridos	Desesperación, resignación

EMOCIONES: UN REGALO POR ABRIR

Emoción	Raíz	Historia
Ingenuidad	Del latín *ingenuitas*, "candor, falta de malicia"; la raíz significa "nacido libre y no esclavo, de buen linaje"	"Todo en la vida debería ser bueno y del modo en que yo quiero que sea"
Inmodestia	Del latín *verecundia*, "falta de vergüenza, insolencia, descarada ostentación de faltas y vicios"	"Me comportaré de modo más provocativo que lo esperado"
Inocencia	Del latín *innocentia*, de *innocens*, "inofensivo, inocente"	"No entiendo cómo sucedió esto"
Inquietud	Del latín *inquietudo*, "falta de quietud, desasosiego, desazón"; in- (sin) + -quiescere (calmarse, reposar) + -tud (abstracto de cualidad)	"No puedo dejar de moverme"
Insatisfacción	De origen latino, "distante, en una dirección distinta, entre", *satisfacere*: "descargar por completo, acatar, enmendar", significado literal: "hacer lo suficiente", de satis "suficiente" + facere "actuar"	"Veo que no tengo lo suficiente de algo en mi vida"
Inspiración	Del latín in- "en" + spirare "inspirar"	"Puedo impulsar a otros a la acción"
Intriga	Del latín *intricatus*, "involucrado", participio pasado de *intricare*, "involucrar, sorprender, avergonzar", de in- "en" + tricae	"Esto me interesa muchísimo"

Capítulo 10: Diccionario de emociones y estados de ánimo

Predisposición	Preocupación humana	Emociones asociadas
Ignorar lo que parece desagradable o feo	Ayudarnos a ver la necesidad de hacernos responsables por nuestro conocimiento y acciones	Relacionada a la negación, la inocencia y la falta de aceptación
Actuar por fuera de los estándares culturales	Desafiar límites culturales restrictivos	Similar a la imprudencia pero tiene que ver con comportamiento más que con un riesgo
Negar la responsabilidad	Mantenerse intacto o ignorante	Similar a la negación pero viene de la ignorancia o la ceguera
Moverse o buscar movimiento, sea efectivo o no	Nos da la energía de seguir buscando nuevas acciones posibles	Similar a irritable, pero sin la connotación negativa. Opuesta a pacífico, sereno, calmo
Buscar modos de tener más de algo	Saber que quiero tener más en la vida	Es vista como negativa pero puede ser entendida simplemente como información sobre mis deseos o necesidades
Influenciar a otros para que actúen de nuevas maneras	Apoyar el crecimiento y la exploración de otros	Similar a la aspiración pero se enfoca en activar a otros
Investigar	Saber aquello que nos interesa en profundidad	Similar a la atracción pero se trata más de una idea o cosa que de una persona

EMOCIONES: UN REGALO POR ABRIR

Emoción	Raíz	Historia
Ira	Del latín vulgar *inodiare*, "enfadar"; "causar enojo"	"Nada es digno de ser salvado"
Irascibilidad	Del latín *irasci*, "estar enojado", de ira "enojo"	"Esto me provoca"
Irreverencia	Del latín *irreverentia*, "necesitar reverencia"	"No necesito tratar esto como si fuera la única verdad"
Irresponsable	Del latín ir- + respons "responder". Retiene el sentido de "obligación" de la raíz latina original	"Puedo actuar sin considerar mis obligaciones"
Irritabilidad	Del latín *irritatus*, participio pasado de *irritare*, "exciter, provocar"	"Esto me molesta"
Lascivo	Del latín *lascivia*, "obscenidad, jocosidad, travesura, jovialidad", de *lascivus*, "libidinoso, juguetón, travieso, lascivo"	"Esto es pícaro en sentido sexual"
Lástima	Del latín *pietatem*, "piedad, lealtad, deber"	"Veo el sufrimiento pero me siento superior porque el sufrimiento es por culpa de ellos"
Lealtad	Del latín *legalem*, de lex "ley"	"Protegeré y brindaré apoyo a aquellos en mi grupo"

Capítulo 10: Diccionario de emociones y estados de ánimo

Predisposición	Preocupación humana	Emociones asociadas
Destruir sin consideración	Eliminar lo viejo que creemos que no vale la pena salvar	Relacionada al enfado pero más asociada a un mal percibido que a una injusticia. Furia
Atacar o pelear	Moverse para proteger o atacar	Similar a la rabia pero sin la guía de la injusticia
No tomar en serio	Nos permite ver las cosas sin el lente de lo intocable o gravedad	Confundida con la falta de respeto pero se trata más de ignorar que otros tienen algo sagrado
Actuar de acuerdo a mis caprichos en lugar de lo prometido o esperado	Me permite ser libre para actuar espontáneamente pero también para conocer la línea que define mis obligaciones	Opuesto a obligación
Detenerse o alejarse de la causa	Entender que estoy en mi límite emocional	Similar a la exasperación pero menos severa
Coquetear	Conectar sexualmente	Relacionado al erotismo pero es fuertemente sexual por naturaleza
Menospreciar al que sufre como si fuera menos que yo	Reconocer que, a veces, tener habilidades superiores es necesario para ayudar a otros	A menudo confundida con la compasión o la empatía pero tiene la cualidad de superioridad hacia el otro
Defender al grupo del que formo parte	Cuidar la integridad del grupo	A veces confundida con el compromiso o la responsabilidad pero se trata de cuidar la identidad de un grupo y no nuestras promesas

EMOCIONES: UN REGALO POR ABRIR

Emoción	Raíz	Historia
Lívido	Del latín *lividus*, "de color azulado, negro y azul"	"Lo hecho está extremadamente mal"
Lujuria	Del latín luxuria, "deseo excesivo del placer sexual", "exceso en algunas cosas"	"Quiero esto"
Magnánimo	Del latín *magnanimus*, "moralista", literalmente "de gran alma"	"Quiero emplear mis recursos para cuidar de otros"
Malhumor	Del latín *humor*: "líquido, humor del cuerpo humano"; malhumor es una "actitud o disposición negativa o irritada"	"Voy en contra de cada posibilidad"
Maravilla	De sombra, "gran admiración o extrañeza"	"No comprendo esta experiencia pero la disfruto de todos modos"
Melancolía	Del latín tardío *melancholia*, del griego *melankholia*, "tristeza", literalmente (exceso de) "bilis negra", de melas, "negro" + khole "bilis". La fisiología medieval le atribuía la depression al exceso de "bilis negra", una secreción del esplín y uno de los cuatro "humores" del cuerpo	"Estoy triste y no inclinado a la acción"
Miedo	Del latín *metus*, "angustia por un riesgo real o imaginario"; es exclusiva del idioma castellano, las otras voces latinas emplean la palabra *pavor*	"Algo específico en el futuro puede dañarme"

Capítulo 10: Diccionario de emociones y estados de ánimo

Predisposición	Preocupación humana	Emociones asociadas
Castigar severamente	Ser capaces de elevar nuestra energía para cuidar de aquello que creemos que está mal	Rabia, ira
Participar sin considerar las consecuencias	Saber qué deseamos	Relacionada a la pasión pero más desde la perspectiva de usar al otro que de unirse a él
Usar nuestros recursos para cuidar de otros con grandes gestos	Usar nuestros recursos para cuidar de otros	Similar a la generosidad pero no se trata tanto de dar como de cuidar
Responder duramente a cada interacción	Nos permite separarnos de otros	Irritable, pero sin la necesidad de provocación
Mantenerse en la experiencia	Conectarnos con elementos en el mundo que son más grandes y poderosos que nosotros mismos	Similar al temor pero sin el miedo. Curiosidad en escala cosmológica
Vagar en nuestra falta de energía o motivación	Saber cuándo estamos fuera de balance físico	Tristeza, indiferencia, pereza
Protegernos, ya sea huyendo o paralizándonos	Saber específicamente qué podría dañarnos	Relacionado con la ansiedad, la preocupación, la angustia y el pavor

EMOCIONES: UN REGALO POR ABRIR

Emoción	Raíz	Historia
Miseria	Del latín *miseria*, "desgracia"	"El mundo es un lugar terrible"
Modestia	Del latín *modestus*, "mantener una medida debida"	"Me estoy comportando de manera adecuada"
Molestia	"Hacer desagradable", del latín (esse) *in odio*, "(para mí es) detestable"	"Esto es profundamente desagradable para mí"
Mortificación	Del latín *mortificare*, "causar la muerte, matar, poner en muerte", literalmente "hacer muerto"	"Estoy profundamente avergonzado y siento que morir (al menos figurativamente) sería la mejor solución"
Negación	Del latín *negatio*, "acción y efecto de decir no"; negare (decir no) + -cion (acción y efecto)	"No estoy dispuesto a considerar la posibilidad"
Nostalgia	1770, "añoranza severa considerada como enfermedad", latín moderno, acuñado en 1668 en una disertación sobre el tema en la Universidad de Basel por el investigador Johannes Hofer. De origen griego, "dolor, duelo, aflicción"; "volver seguro a casa"	"La vida era mejor en el pasado y me gustaría volver"

Capítulo 10: Diccionario de emociones y estados de ánimo

Predisposición	Preocupación humana	Emociones asociadas
Sufrir	Nos ayuda a ver los peores aspectos de la vida humana	Relacionada a la agonía, la angustia y la desesperación
Actuar de acuerdo con la costumbre o tradición	Demostrar que somos parte de un grupo a través de nuestra acción considerada y, por lo tanto, seguir siendo parte de él	Similar a la prudencia pero con más foco en el comportamiento social que en el riesgo
Evitar participar	Reconocer cuando algo no me es agradable	En cierto modo como la irritabilidad pero más parecido al disgusto que a una simple irritación
Esconderse	Nos ayuda a ver la importancia de nuestra identidad personal	Vergüenza, culpa, remordimiento
Ignorar la experiencia	Nos permite funcionar en momentos en los que la verdad nos inmovilizaría	Mantenerse ingenuo por elección
Rememorar y orientar mi pensamiento al pasado	Saber que la vida puede ser buena o ver la posibilidad de que volverá a ser buena	Puede ser contrastada con el arrepentimiento, que es ver al pasado y desear que hubiera sido diferente

EMOCIONES: UN REGALO POR ABRIR

Emoción	Raíz	Historia
Obligación	Del latín *complere*, "llenar"	"Me uniré a esta iniciativa porque no creo tener la libertad de no hacerlo"
Odio	Del latín *odium*, "antipatía y aversión hacia algo o hacia alguien cuyo mal se desea"	"El mundo estaría mejor sin esta persona o cosa"
Ofensivo	Del latín *offendere*, "pegar, golpear contra", figurativamente "tropezar, cometer una falta, disgustar, infringir, provocar"	"Me gustaría decir algo para lastimar a esta persona"
Optimismo	Del latín *optimus*, "el mejor"	"Sé que en la vida pasan cosas buenas y malas pero a mí me ocurren mayormente las buenas"
Orgullo	Del catalán *orgull*, "arrogancia, vanidad, exceso de estimación propia, que a veces es disimulable por nacer de causas nobles y virtuosas"	"He hecho un buen trabajo y quiero contárselo a otros"
Pánico	Del griego *panikon*, literalmente "pertenecer a Pan", dios de bosques y campos, quien era la fuente de sonidos misteriosos que causaban un miedo contagioso y sin fundamento en manadas y multitudes, o en gente en puntos aislados	"Si no nos vamos estamos condenados"

Capítulo 10: Diccionario de emociones y estados de ánimo

Predisposición	Preocupación humana	Emociones asociadas
Actuar porque sentimos que debemos hacerlo	Nos permite actuar en sintonía con otros aunque no estemos de acuerdo con sus directrices	Similar al compromiso pero con menos libertad
Remover de nuestro mundo de cualquier manera	Identificar aquellas cosas o gente con la que no queremos compartir nuestro mundo	Un disgusto fuerte
Hablar de un modo que dañe al otro	Ver el poder de las palabras	Relacionada con la rabia pero no conectada con la injusticia
Actuar con libertad en situaciones en las que no sé cuál será el resultado	Vivir de un modo que me mantiene atento a lo bueno	Contrasta con pesimismo
Celebrar mis logros	Compartir con otros aquello que pensamos que hicimos bien	A veces no se distingue de la arrogancia o el narcisismo
Correr	Huir del peligro	Miedo, terror

EMOCIONES: UN REGALO POR ABRIR

Emoción	Raíz	Historia
Paranoia	Del griego *paranoia*, "locura mental", de *paranoos*, "mentalmente enfermo, insano", de para- "junto a, más allá de" + noos "mente"	"Todos quieren dañarme"
Pasión	Del latín tardío *passionem*, "sufrir, padecer"	"Tengo un profundo deseo de estar cerca de otro"
Pavor	Cultismo del latín *pavor*, *pavoris* (terror, espanto, conmoción, pasmo ante algo); *pavere* (estar asustado, aterrado, desconcertado por un golpe anímico) + -or (expresa efecto o resultado)	"Podría perderlo todo y no puedo lidiar con la posibilidad"
Paz	Del latín *pacem*, "acuerdo, tratado de paz, tranquilidad", "ausencia de guerra"	"Todo está bien"
Pena	Del latín *poena*, "castigo, tormenta, pena"; "sentimiento grande de tristeza"	"Me apena que esto haya sucedido"
Perdón	Del prefijo per- (indica acción completa y total) + donare (regalar); "remisión de la pena merecida, de la ofensa recibida o de alguna deuda u obligación pendiente"	"Algo que hiciste me causó dolor pero no lo usaré en tu contra en el futuro"
Pereza	Del latín *pigritia*, "flojedad, descuido o tardanza en las acciones o movimientos	"No deseo tomar acción"

Capítulo 10: Diccionario de emociones y estados de ánimo

Predisposición	Preocupación humana	Emociones asociadas
Temer y evitar a otros	Retirarnos del peligro que percibimos de otros, especialmente cuando no se comportan como si realmente nos fueran a hacer daño	Miedo, ansiedad
Ser tan cercanos a otro como sea humanamente posible	Producir cercanía	A menudo confundida con el erotismo o la sexualidad
Rendirse o, como mucho, proceder con una profunda cautela	Nos pone en alerta sobre aquello que puede destruirnos o hacernos mucho daño	Fuerte como el miedo pero vago como la ansiedad
Moverse con comodidad	Descansar sin preocupaciones	Tranquilidad, serenidad
Desear que no hubiera sucedido	Saber qué nos importa y esperar que suceda de otro modo en el futuro	Similar a la tristeza pero no se trata necesariamente sobre algo que hemos perdido
Coordinar acción sabiendo que puede volver a herirme	Declarar el pasado cerrado cuando tenemos interacciones futuras	Se empareja con la disculpa
Hacer poco o nada	Descansar	Confundida con resignación

EMOCIONES: UN REGALO POR ABRIR

Emoción	Raíz	Historia
Perplejidad	Del latín *perplexus*, "involucrado, confundido, complejo". El compuesto en latín sería per "a través" + plexus "involucrar, enroscar, trenzar"	"Mis pensamientos están enmarañados y confundidos"
Perseverancia	Del latín *perseverantia*, "constancia, resolución"	"Continuaré intentándolo"
Pesaroso	Del griego *apologia*, "discurso en defensa", de *apologeisthai*, "hablar en defensa propia", de *apologos*, "una historia"	"Creo que algo que hice te causó dolor aunque no era mi intención"
Pesimismo	Del latín *pessimus*, "peor", originalmente "más abajo, último"	"Sé que en la vida pasan cosas buenas y malas pero a mí me ocurren mayormente las malas"
Petulancia	Del latín *petulantem*, "excesivo, directo, insolente, descarado", participio presente de *petere*, "atacar, acometer; luchar; pedir, rogar, suplicar"	"Esto es ridículo y lo diré"
Precaución	Del latín *cavere*, "estar en guardia"	"Para estar seguro necesito proceder con cuidado"
Prudencia	Directo del latín *prudentia*, "prever, presagiar, sagacidad, opinión práctica"	"Puede que haya peligro entonces lo mejor es avanzar con cuidado"

Capítulo 10: Diccionario de emociones y estados de ánimo

Predisposición	Preocupación humana	Emociones asociadas
Intentar desenmarañar o aclarar nuestros pensamientos	Moverse poniendo los pensamientos en un orden lógico o racional	Confusión, desconcierto, ofuscación
Continuar con los esfuerzos para llegar a un fin	Moverse más allá de los obstáculos	Similar a la audacia por continuar pero sin la presencia de miedo
Reconocer mi parte en el problema	Nos permite abrir la posibilidad a reconstruir la confianza	El sentido tradicional ha sido "admitir la culpa" pero, ontológicamente no significa decir que hice algo mal. Se empareja con el perdón
Actuar a regañadientes y sin entusiasmo	Nos permite vivir sin expectativas exageradas	Contrasta con el optimismo. Similar a la desesperanza pero no tan profunda
Ridiculizar o atacar de modo despectivo	Nombrar lo que creo que es ridículo o sin fundamento	Insolencia pero se trata más de una idea o situación que de una persona
Dar pasos pequeños y cuidadosos	Mantenernos seguros en presencia de posible daño	Prudencia
Avanzar con cautela, ya sea en pensamiento o en acción	Accionar a un paso que nos permita ajustarnos a circunstancias cambiantes	Similar a la precaución. Opuesta a la impaciencia

EMOCIONES: UN REGALO POR ABRIR

Emoción	Raíz	Historia
Rabia	Latin *rabia* or más clásica *rabies* (enfermedad del perro también violencia o cólera furiosa en los humanos).	"Yo evalúo una injusticia; alguien o algo es culpable y debe ser castigado"
Rapaz	Del latín *rapaci-*, raíz de *rapax*, "avaro"	"Creo que es mío"
Rebelde	Del latín *rebellis*, "insurgente, rebelled", de rebellare "rebelarse, sublevarse" + bellum "guerra"	"Estoy rompiendo las reglas y lo sé"
Rectitud	Del latín *rectitudo*, "recta razón o conocimiento práctico de lo que debemos hacer o decir"	"Mis creencias son las únicas que son correctas"
Regocijo	Del latín tardío *enthusiasmus*, "fervor interior"; del griego *enthousiasmos*, "inspiración divina, arrebato, éxtasis"	"Estoy muy feliz con esta situación"
Remordimiento	Del latín *remordere*, "irritar, alterar", de re- "de nuevo"" + mordere "morder"	"Debería haber actuado de otro modo"
Rencor	Del latín *rancor*, "resentimiento arraigado y tenaz"	"La vida es amarga"
Rendirse	Del latín *reddere*, "devolver", "entregar", inflexión de *prendere*, "tomar" y vendere "vender"; "vencer, sujetar, obligar a las tropas, plazas, embarcaciones enemigas, etc., a que se entreguen"	"Me rindo"

Capítulo 10: Diccionario de emociones y estados de ánimo

Predisposición	Preocupación humana	Emociones asociadas
Castigar la fuente percibida de la injusticia	Crear y mantener justicia en el mundo	A menudo confundida con la indignación ya que causan niveles de energía y sensaciones en el cuerpo similares
Tomar	Tomar sin pensar en la propiedad de otros	Similar a codicia
Violar las reglas a conciencia	Salirse de las normas sociales	Relacionado con ser travieso pero más activo y serio
Desestimar los puntos de vista y creencias de otros y exigir obediencia	Estar seguros de nuestras creencias	Puede ser confundida con la confianza pero es más absoluta y con arrogancia
Disfrutar en niveles de energía altos	Nos permite celebrar y apreciar las experiencias de la vida	A menudo confundida con la excitación. Es alegría pero con más energía
Culparme por acciones en mi pasado	Saber qué comportamientos del pasado no estaban alineados con nuestros valores y sus costos	Relacionado con la culpa pero no incluye castigarse a uno mismo.
Odiar la vida; vivir como si hubiéramos sido tratados injustamente por la vida	Probar cómo sería la vida si no hubiera dulzura	Resentimiento, malhumor
Permitir que el control pase al otro	No luchar ni resistirse más	Similar a la resignación pero se hace voluntariamente

EMOCIONES: UN REGALO POR ABRIR

Emoción	Raíz	Historia
Repugnancia	Del latín *repugnantia*, "oposición o contradicción entre dos cosas"; "tedio, aversión hacia alguien o algo"	"Esto me desagrada"
Resentimiento	Del latín *sentire*, "sentir", "acción y efecto de resentirse"	"La vida no debería ser de este modo; no debería tener que hacer esto"
Resignación	Del latín *resignare*, "tildar, anular, cancelar, devolver, abandonar", de re- "opuesto" + signare "ingresar en un libro de cuentas", literalmente "marcar"	"Nada de lo que haga marcará una diferencia"
Resiliencia	Latin *re* que indica "intensidad y reiteración" + *salire* que significa "agente".	"Puedo volver a ponerme en pie"
Resolución	Del latín *resolutus*, "desatar, desamarrar, soltar". La noción implica "romper (algo) en partes" como modo de llegar a la verdad de esa cosa y, por lo tanto, tomar la determinación final"	"Esto requiere acción"
Respeto	Del latín *respectus*, "observar", literalmente "el acto de mirar atrás", de re- "atrás" + specere "mirar"	"Esta cosa o persona merece ser tratada como importante"

Capítulo 10: Diccionario de emociones y estados de ánimo

Predisposición	Preocupación humana	Emociones asociadas
Alejarse	Saber de qué queremos alejarnos	Relacionada con el hastío pero más fuerte
Resistir con la intención secreta de vengarse	Saber aquello que creemos que es injusto	Opuesto a la aceptación. A veces es confundida con la rabia
No hacer nada	Retirarnos de la interacción	Puede ser confundida con la aceptación pero es más cercana a la desesperanza
Regresar al centro	Recuperar nuestro centro después de que hemos sido empujados y perdido nuestro balance	Siempre comienza con la aceptación de lo que sucede
Actuar	Avanzar en la vida	A veces se la confunde con la ambición o el entusiasmo. Más enfocada que la ambición y no necesariamente conectada con una causa mayor como el entusiasmo
Tratar bien, considerar y escuchar	Saber qué cosas o gente nos resultan legítimas y valiosas	Similar a la dignidad pero generalmente trata sobre cómo nos tratamos a nosotros mismos o a otros

EMOCIONES: UN REGALO POR ABRIR

Emoción	Raíz	Historia
Responsabilidad	Del latín *respondere*, "responder, prometer devolver"	"Es algo que debo hacer"
Reverencia	Del latín *reverentia*, "asombro, respeto", de *revereri*, "estar en asombro, respetar, honrar, temer"	"Esto merece mi respeto y honor"
Rigor	Del latín *rigorem*, "entumecimiento, rigidez, dureza, firmeza"	"Hacerlo siempre del mismo modo dará los mejores resultados"
Saborear	Del latín *saporem*, "gusto, sabor", relacionado a *sapere*, "tener un sabor"	"Esta es una experiencia deliciosa"
Sacrificio	Del latín *sacrificus*, "interpretación de funciones o sacrificios del cura", de *sacra*, "ritos sagrados". Sentido de "acto de sacrificar una cosa por otra"	"Hago cosas por otros de modos que me agotan"
Satisfacción	Del latín *satisfacere*, "acatar con, enmendar, emitir completamente", de *satis*, "suficiente".	"Tengo suficiente"
Seguridad	Del latín *securitas*, "cualidad de seguro"	"No seré dañado"
Sensual	Del latín *sensualis*, "dotado de sentimiento". Significado: "conectado con la gratificación de los sentidos"	"Me gustan las sensaciones que esto produce"

Capítulo 10: Diccionario de emociones y estados de ánimo

Predisposición	Preocupación humana	Emociones asociadas
Tomar propiedad de (usualmente en una situación)	Declarar mi liderazgo	Relacionada a obligación
Tratar con el mayor de los respetos, inclusive miedo	Tratar al otro como alguien legítimo, merecedor de respeto y honor	Relacionada con el asombro pero sin el elemento del miedo
Elegir y mantener una forma determinada	Repetir tan parecido como sea posible para producir resultados consistentes	A veces confundida con la persistencia, que es continuar intentando, mientras que el rigor es mantener la forma
Aceptar la experiencia y disfrutarla	Nos permite saborear y disfrutar la vida	Similar al disfrute pero más profundo y visceral
Cuidar de otros mientras desatiendo mis necesidades	Renunciar a nosotros mismos por el bien de otros	A veces es confundida con el servicio, pero nos agota, mientras que el servicio nos nutre
Apreciar, saborear o disfrutar	Nos permite saber que es suficiente o cuándo estamos suficientemente llenos	A menudo contrasta con creernos con derecho, que se centra en lo que creo que merezco más que con tener suficiente de algo
Estar tranquilo	Descansar y moverse libremente	Similar a la paz o la serenidad pero tiene que ver con evitar daños
Comprometerse en la actividad	Disfrutar las sensaciones de una experiencia	Puede ser confundida con sexual

EMOCIONES: UN REGALO POR ABRIR

Emoción	Raíz	Historia
Sentimental	Del latín *sentimentum*, "sentimiento, afecto, opinión", del latín *sentire*, "sentir"	"Esto me recuerda emociones dulces de otro tiempo"
Serenidad	Del latín *serenus*, "pacífico, calmo, claro"	"Todo está bien"
Servicio	Del latín *servitium*, "esclavitud, condición de esclavo, servidumbre", también "esclavos colectivos", de *servus*, "esclavo"	"Hago cosas por otro de modo que nos nutren a ambos"
Servilismo	Del latín *servilis*, "condición de servil"; "perteneciente o relativo a los siervos y criados"	"Mis pensamientos, ideas y acciones no son tan importantes como los de otros"
Severidad	Del latin *severus* (duro, grave, draconiano).	"Esto está mal o estará mal"
Sexy	Voz inglesa, "que tiene atractivo físico y sexual"	"Lo que importa aquí es el sexo"
Simpatía	Del latín *sympathia*, "comunidad de sentimiento, simpatía", del griego *sympatheia*, "sentimiento compartido", de *sympathes*, "tener un sentimiento con otro, afectado por los sentimientos"	"Mis emociones son similares a las emociones de otro y, por eso, las entiendo"

Capítulo 10: Diccionario de emociones y estados de ánimo

Predisposición	Preocupación humana	Emociones asociadas
Sentir nostalgia por el pasado	Ser capaz de reflexionar sobre lo que fue dulce en el pasado	Similar a la nostalgia, pero enfocada en la ternura más que en lo que creo que era bueno
Mantenerse en calma	Descansar sin preocupaciones	Similar a la paz
Dar a otros de una manera que no me agota	Saber qué significa para mí cuidar de otros	Suele usarse intercambiablemente con el sacrificio pero ontológicamente servicio significa que nuestros esfuerzos nos nutren, mientras que el sacrificio nos dejas exhaustos
Seguir la dirección de otros, ser servil por la falta de confianza en uno mismo	Ver la necesidad de tomar posición por nosotros mismos en la vida	Puede ser confundido con la humildad o el servicio.
Moverse con mucha cautela	Ser consciente de una situación difícil	Similar a la desesperación pero no tan profunda; seriedad
Desear o moverse hacia la participación sexual	Saber qué nos atrae a comprometernos sexualmente	Relacionada con erotismo y la pasión. Puede ser confundida con sensualidad o ternura
Estar de acuerdo con la situación de otros y su impacto o significado	Nos permite entender cómo otros sienten el mundo a nivel emocional	A menudo confundida con la empatía y la compasión

EMOCIONES: UN REGALO POR ABRIR

Emoción	Raíz	Historia
Sinceridad	Del latín *sincerus*, "completo, limpio, puro, no adulterado", figurativamente "seguro, genuino, puro, verdadero, cándido, honrado"	"Creo que lo que estoy diciendo es verdad"
Soberbia	Latin *superbus* (el que está por encima, altanero).	"Mi opinión es como si viniera de los dioses. No puedo hacer nada mal"
Soledad	Del latín *solitas*, "carencia voluntaria o involuntaria de compañía"; solus- (solo) + -dad (cualidad)	"Estoy sin compañía, por lo tanto no estoy completo"
Solitario	Latin *soitarius* y significa "que pertenece a la soledad".	"Estoy sin compañía, no obstante, me siento lleno y realizado"
Sorpresa	Origen latín, de sur- "sobre" + prendre "tomar"	"No creía que esto sucedería"
Sosegado	Del latín *sedatus*, "sosegado, moderado, calmo, traquilo", participio pasado de *sedare*, "calmarse", causativo de sedere "sentarse"	"Estoy bien"
Sospecha	Del latín *suspectare*, "acción y efecto de sospechar"; "desconfiar de algo o de alguien"	"No estoy seguro de si confío en esta persona o situación"

Capítulo 10: Diccionario de emociones y estados de ánimo

Predisposición	Preocupación humana	Emociones asociadas
Ser transparente	Base para evaluar la confianza y, por lo tanto, para coordinar acción	Similar a la honestidad
Actuar con extrema arrogancia	Actuar más allá de nuestra humanidad y, cuando vemos cómo reaccionan los otros, recordar nuestra propia humanidad	Similar a la arrogancia pero más fuerte. Opuesta a la humildad
Buscar la compañía de otros	Nos insta a buscar a otros para sentirnos completos	A menudo confundida con solitario pero incluye la sensación de vacío cuando estamos solos
Disfrutar nuestra soledad	Saber que podemos disfrutar la vida sin la compañía de otros	A menudo confundido con la soledad pero no incluye sentir un vacío cuando estamos solos
Luchar contra un cambio repentino	Nos ayuda a saber cuándo algo ha cambiado repentinamente	A menudo precede a la resiliencia. Incredulidad suave
Estar en calma	Nos permite estar en calma aún si no estamos seguros de que todo esté bien	Similar a tranquilo pero no tan libremente relajado
Cuestionar los motivos o historia de otro	Nos permite mantenernos seguros aun cuando se nos dice que no hay nada de qué preocuparnos	Puede ser confundida con el escepticismo, el cinismo o la desconfianza

EMOCIONES: UN REGALO POR ABRIR

Emoción	Raíz	Historia
Temor	Viene del latin *timor* (miedo, espanto).	"Esto es más grande y poderoso que yo y puede lastimarme fácilmente"
Ternura	Del latín *tener*, "cualidad de tierno", "sentimiento de cariño entrañable"	"En esta relación estoy seguro"
Terquedad	De origen inconcluso, "cualidad de terco"	"No cambiaré mi creencia"
Terror	Del latín *terrorem*, "miedo grande, temor, alarma, pánico; objeto de miedo, causa de alarma; noticias terribles", de *terrere*, "llenar con miedo, atemorizar"	"Estoy seguro de que algo horrible me sucederá"
Tímido	Del latín *timidus*, "miedoso, asustado, cobardemente"	"Estaré más seguro si no me expongo"
Tolerancia	Del latín *tolerare*, "soportar, sostener, sufrir", literalmente "resistir"	"Soportaré a esta persona o situación hasta que cambie de parecer"
Tonto	Del latín *attonitus*, participio de *attonare*, "hacer un ruido fuerte, tronar"; "aquel que no piensa bien, que no tiene sesos o que tiene la cabeza hueca"	"Analizar esto es innecesario"

Capítulo 10: Diccionario de emociones y estados de ánimo

Predisposición	Preocupación humana	Emociones asociadas
Acercarse con inquietud, reverenciar y honrar	Nos ayuda a mantener nuestro poder humano en perspectiva con el universo que nos rodea	Conectado con la inspiración y la maravilla pero incluye el elemento miedo
Brindar seguridad para otros	Nos permite invitar a otros a un lugar seguro cercano a nosotros	A menudo se confunde con el erotismo o la sexualidad; tiene que ver con crear seguridad a través de la cercanía más que cercanía por sexo
Negarse al cambio, especialmente si se trata de creencias	Pronunciarse por lo que nos parece que es correcto	Similar a la perseverancia pero más enfocada a mantener mi posición más que en avanzar
Esconderse intentando escapar	Nos permite identificar aquellas cosas que pensamos que significan una amenaza inmediata	Miedo intenso. A veces es confundido con el horror pero se trata más sobre el miedo que sobre el daño que anticipo
Esconderse o mantenerse fuera de la acción	Nos permite observar desde la distancia para medir el peligro	Opuesto a la audacia
Soportar al otro por el momento	Nos permite dar un paso hacia estar en una relación	Un paso hacia la aceptación pero conlleva un juicio de que el otro está mal informado o equivocado
Actuar sin pensar en las consecuencias	Actuar sin pensar	Parecida a la ingenuidad pero más relacionada con la estupidez que con la ignorancia

EMOCIONES: UN REGALO POR ABRIR

Emoción	Raíz	Historia
Traicionado	Del latín *tradere*, "entregar", trans- "sobre" + dare "dar."	"Esta persona me entregó al enemigo"
Travieso	Del latin *transversus* = "atravesedo.	"Esto probablemente provocará a otros y es por eso que quiero hacerlo"
Tristeza	Del latín *tristitia*, "cualidad de triste"	"He perdido algo que me importaba"
Triunfante	Del latín *triumpus*, "himno a Dionisio"; "éxito en la batalla, conquista", también "victoria espiritual" y "procesión celebrando la victoria en la guerra"	"Gané" o "ganamos"
Trivialidad	Del latín *trivialis*, "común, corriente, vulgar"	"No hay nada que valga la pena considerar seriamente"
Valentía	Formada con raíces latinas y significa "cualidad del que tiene fuerza, sauld y vigor".	"Actúo aunque sienta miedo"
Vanidad	Del latín *vanitas*, "cualidad de vano", "arrogancia, presunción, envanecimiento"	"Me siento vacío o sin valor pero quiero evitarlo"
Venganza	Del latín *vindicare*, "tomar satisfacción de un agravio o un daño"; "satisfacción que se toma del agravio o daño recibidos"; "castigo, pena"	"Buscaré revancha"

Capítulo 10: Diccionario de emociones y estados de ánimo

Predisposición	Preocupación humana	Emociones asociadas
Estar abatido por el choque	Reconocer cuando se ha roto la lealtad	Similar a la deslealtad pero la traición tiene que ver con promesas en nuestra relación
Provocar a otros intencionalmente por nuestro propio entretenimiento	Poner a prueba los límites de otros o jugar a provocar a otros	Bromista
Retirarse y afligirse	Saber qué nos importa en la vida	A menudo confundida con la depresión, la melancolía o ser sensiblero
Celebrar públicamente el haber ganado	La habilidad de reconocer haber ganado	Íntimamente relacionada con el orgullo. Puede ser confundida con la arrogancia
Menospreciar o subestimar la importancia de todo	Nos puede permitir movernos fuera de la gravedad o negar situaciones graves	A veces confundido con el deleite o la diversión pero incluye el elemento de la falta de respeto
Hacer algo que parece riesgoso para uno mismo u otros	Ser capaz de actuar aunque nos pongamos en riesgo	Cercana a la audacia
Intentar parecer más hermoso, hábil o talentoso de lo que soy	Ayudarme a parecer más de lo que soy en mis relaciones con otros	Relacionada a la arrogancia y al narcisismo ya que pretendo ser más de lo que soy
Actuar de tal modo que gano el control del otro para hacer lo que quiero	Me permite entender en el más profundo de los niveles qué modos de ser tratado son inaceptables para mí	Relacionada con el resentimiento pero con un foco más fuerte puesto en buscar venganza por una injusticia percibida

EMOCIONES: UN REGALO POR ABRIR

Emoción	Raíz	Historia
Vergonzoso	"Admirar con asombro", del latín "estar abierto a, admirar"; "abrirse".	"No quiero llamar la atención"
Vergüenza	Del latin *verecundia,* adjetivo formado con el sufijo *–cundus* (que tiende a) sobre la raiz del verbo *vereri* (tener un temor respetuoso).	"He roto los estándares de mi comunidad"
Xenófobo	De raíz latina, "que odia a los extranjeros"; xenon- (extraño, ajeno) + -phobos (odio, temor)	"Alguien que no es como yo es peligroso"

Capítulo 10: Diccionario de emociones y estados de ánimo

Predisposición	Preocupación humana	Emociones asociadas
Quedarse a un costado y asegurarse de que la atención no esté dirigida hacia mí	Mantenerse anónimo o escondido	Similar a la timidez pero con un toque de autoconciencia o vergüenza
Esconderme del juicio y el castigo de mi comunidad	Reconocer cuáles son los estándares de la comunidad y cuándo los hemos transgredido	A menudo no se distingue de la culpa
Excluir a cualquier persona diferente de mí o nosotros	Preservar la cultura como es	Opuesta al amor, que es legitimar al otro como diferente

SOBRE LOS AUTORES

Lucy Núñez y Dan Newby son coaches, formadores de coaches y facilitadores en todo lo relacionado con el desarrollo de las personas en las organizaciones. Están casados y viven en Barcelona. Lucy ha cursado estudios en Psicología, Recursos Humanos y Consultoría Organizacional, Dinámica de grupos y muchos modelos de coaching. Su desempeño profesional incluye formar coaches en la Escuela Europea de Coaching y una larga carrera como formadora y consultora en el campo de los negocios. Es de Venezuela y vive en España desde 2001. Dan es educador, coach, mentor y escritor norteamericano y cuenta con 25 años de experiencia en liderazgo empresarial. Fue director del Senior Course de la Newfield Network Coaching Schoool en los Estados Unidos, Canadá y Europa durante ocho años y hoy en día trabaja como profesional independiente. Ambos están altamente interesados en el aprendizaje humano, cómo es aplicado cultural, organizacional y personalmente y, por supuesto, en las emociones.

NUESTRO TRABAJO

Talleres: ofrecemos talleres varias veces al año para coaches que quieran profundizar su comprensión de las emociones y cómo emplearlas como herramienta para incrementar la efectividad en sus procesos de coaching. En los Estados Unidos, todos los años ofrecemos dos talleres de cinco días en Nuevo México. La inscripción está limitada a doce participantes. En Europa la ubicación varía. Todos los talleres son brindados en inglés con soporte en español.

Coaching: realizamos procesos de coaching tanto ejecutivos como personales. Contamos con una amplia experiencia trabajando con ejecutivos y managers de todos los niveles y de contextos culturales variados. Dan hace coach solo en inglés y Lucy lo hace en español. El coaching puede ser realizado en persona o mediante videoconferencia.

Mentoring al coach: Dan ofrece mentoring para coaches, ya sea para la renovación de la certificación, como para mejorar las aptitudes y competencias. Estas sesiones pueden ser individuales o en grupo. Suelen ser realizadas en videoconferencia, no obstante, pueden ser organizadas de manera individual.

Asesoramiento: tanto Lucy como Dan cuentan con una larga trayectoria como facilitadores de grupos, particularmente en el área de desarrollo de y habilidades directivas. Ofrecemos programas personalizados para las necesidades de su equipo u organización.

Entrenamiento en línea: ofrecemos entrenamiento en línea sobre emociones, coaching y temas relacionados. Estos programas son asincrónicos y se puede acceder a ellos a través de cualquier conexión a internet. Pueden ser personalizados o combinados con grupos de trabajo.

Nuestra visión es que este libro crecerá y cambiará con el paso del tiempo. Estás invitado a participar del proceso enviándonos tus preguntas, ideas, ejemplos o emociones que consideres deban ser agregadas:

Lucy Núñez puede ser contactada escribiendo a lucynunez.alg@gmail.com
Dan Newby puede ser contactado escribiendo a ybwend@gmail.com

AGRADECIMIENTOS

Nos gustaría agradecerles a los cientos de estudiantes, coachees, coaches, profesores, amigos, familia y facilitadores que nos han apoyado y con los que hemos tenido el placer de trabajar durante nuestros respectivos caminos. Cada uno ha contribuido de su propio modo a nuestro aprendizaje y con este libro.

En particular, queremos agradecer a Julio Olalla y a Rafael Echeverría, instrumentales, pioneros, únicos y talentosos en esta interpretación de las emociones.

Gracias a Bethany Kelly de Publishing Partner por su dirección y apoyo, y a nuestros reseñantes de manuscrito Kim Ebinger, Clement Graham, Reiner Lomb, Will Newby, Mirko Kobiela, Curtis Watkins y Nancy Graham, quienes brindaron observaciones invaluables.

Para la traducción al español, queremos agradecer a Maria Muzzachiodi, Suhail Abreu, Verónica Hernández, Alejandra Luis y Wende DuFlon por sus contribuciones.

www.ingramcontent.com/pod-product-compliance
Lightning Source LLC
Chambersburg PA
CBHW062242300426
44110CB00034B/1210